CD付

文法も会話も
パッと見て
わかる

クイック英会話

北尾隆明
Takaaki Kitao

三修社

はじめに
「クイックシート」で英語アレルギーを解消！

　本書は、文法の苦手な学生や英会話をもう一度やり直したいという方のために、三十余年の現場での指導、経験を生かして英会話のエッセンス、英語のしくみをまとめた「クイックシート」のメソッドをご紹介するものです。

　1987年の初版以来、多くの方に好評をいただきました『クイック英会話』シリーズ5冊に続くものとして、本書を企画致しました。「クイックシート」により日常会話、文法、単語を同時に短期間でマスターできるよう構成されています。

　英会話は、日本語を話せれば年齢を問わず誰でもできるものです。英会話を始める前に知っておいていただきたいことは、英語は人との意思疎通のための手段であり、目的ではないということです。ネイティブのように流暢に話せることは目標ではありますが、その前に「何を話すか」が大切です。カタコトでも、内容さえあれば、それはすばらしい会話です。「クイックシート」と"優しい笑顔"で、英語世界への第一歩を踏み出して下さい。

　本書により、一人でも多くの方が英語アレルギーを解消し、自信をもつきっかけになれば、著者として望外の喜びです。

　出版に当たりましては、三修社代表取締役の前田俊秀氏、編集の安田美佳子氏、伊吹和真氏、松居奈都氏、そして京都大学講師で長年の友人であるマイケル・ジャメンツ氏、(社) 全国外国語教育振興協会の藤本美穂子氏の各氏にお世話になりました。心より感謝いたします。
Step into the world with English!

2009年1月　　　北尾隆明

文法も会話もパッと見てわかる
クイック英会話
〜目次〜

はじめに　3

「クイックシート」の特長　6

PART 1　これで今日から自由に話せる　7

1．I love you.とThis is a pen.で日常会話はOK！　7

2．"Happy"は「しあわせ」か　13

3．マスターのポイントは動詞　17

4．よくわかる英語のしくみ　21

PART 2　「クイックシート」で文法＆会話同時マスター！　25

1．A面で日常会話の基本表現をマスター　25

2．「クイックシート」のしくみ　26

3．英文のつくり方　28

4．文法はこんなにカンタン、便利　32

PART 3　文法もこれでラクラク　基本マスターレッスン14　34

PART 4　ポイント別　英会話マスターレッスン28日　64

1．レッスンの構成＆方法　64

2．「クイックシート」B面の構成＆使い方　66

PART 5　こんなに話せる「クイックシート」実践20　144

PART 6　これでワンランク上の表現ができる　165
　1．文型別よく使う動詞ベスト50　165
　2．writeとwrote、writtenは別単語　171
　3．すぐに使える不規則動詞　172

終　章　英語の耳・口・頭をつくるヒント　178
　1．スピーキングのポイント　178
　2．リスニングのポイント　182
　3．面接試験を成功させるために　186
　4．急場をしのぐ英語的発想　189

付　録　クイックシート

「クイックシート」の特長

「クイックシート」は、1枚で英会話と文法の両方を同時に、短期間でマスターできるよう構成されています。

① クイックシートはA面、B面からなり、A面では「英語のしくみ」が一目で理解でき、B面ではよく使われる単語を選んだ。シート1枚で、会話、文法、単語の学習をいつでも、どこでも同時にでき、一石三鳥である。
② 基本表現やパターンを丸暗記しなくとも単語のたし算とかけ算方式の組み合わせで自分の考え、思いを自由自在に何百通りも表現することができ、楽しく学べる。
③ 英文法を道具として、会話の中で使うことができ、また会話のみならず「文法アレルギー」も解消、中学、高校の教科書の英文が単純にみえ、文頭から速読、速解できるようになる。
④ これまでに英語を学んだことがあるが、知識がバラバラであったのが短時間に整理できる。
⑤ B面では基本単語を常に覚えるだけでなく、A面を用いて何百通りもの表現を組み合わせて作ることができる。
⑥ ビジネスの急な海外出張や、海外からの突然のお客様やホームステイの受け入れ、英検2次英語面接の短期間での準備にも対応できる。

※PART3~5のレッスンに、「クイックシート」の該当する所を C1 のように表示しています。シートにない発展的な内容を含むものには 発展 と表示してあります。

PART 1 これで今日から自由に話せる

1 I love you.とThis is a pen.で日常会話はOK!

日本語と英語の違い

　I love you.とThis is a pen.を知っている方なら誰でも、基本表現やパターンの丸暗記によらず、自分の考えを自由に作り、日常会話、ビジネス、ホームステイ等に必要な基本表現の約80％以上を話すことができます。

　日本語の場合、たとえば「私はあなたを愛しています」ということを「あなたを、愛します、私は」や「愛しています、私は、あなたを」のように多少ニュアンスは違っても同じ内容を単語の順序を並べ替えて表現できますが、英語の場合、語順、単語の並び方が決められ、変えることはできません。日本語の場合、結果を最後に言いますが、英語では「〜は〜する」と先に結果を言ってしまうことが大きな違いです。

　それでは、これらをふまえ英語の作り方の順序を説明しますと、まず、あなたが話したい日本語の内容の「誰が」「何を」「どうした」の部分、つまり日本語の「〜は」「〜する、〜です」「を、に」の4カ所に注意すればよいのです。

　たとえば、次の2つの文を例に考えてみましょう。

　A「I love you.」（私はあなたを愛してます）
　B「This is a pen.」（これはペンです）

英文の作り方

①日本語の「～は」に当たる部分を主語といい、記号を「S」とします。
　（例）「I」（私は）　　「This」（これは）

②「～する、です」に当たる部分を動詞といい、記号を「V」とします。
　（例）「I + love」（私は＋愛する）　　「This + is」（これは＋です）

③「～を、に」に当たる部分を目的語といい、記号を「O」とします。
　（例）「I + love + you.」（私は＋愛する＋あなたを）
　　　　「This + is + ～」（これは＋です＋～）

④「～は＋～＋です」の「～」に当たる部分を補語といい、記号を「C」とします。
　（例）「This +is+ a pen.」（これは＋です＋ペン）

Ⅰ．「S+V」　　（～は＋～する）
　（例）私は＋泳ぐ
　　　I + swim

Ⅱ．「S+V+C」（～は＋です＋～）
　（例）これは＋です＋ペン
　　　This + is + a pen

Ⅲ．「S+V+O」（～は＋～する＋を、に）
　（例）私は＋愛する＋あなたを
　　　I + love + you

Ⅳ．「S+V+O+O」（～は＋～する＋に＋～を）
　（例）私は＋あげる＋あなたに＋ペンを
　　　I + give + you + a pen

Ⅴ．「S+V+O+C」（～は＋～する＋を＋～と）

（例）私は＋呼ぶ＋私の友人を＋タロウと
I + call + my friend + Taro

　次に、「I love you.」と「This is a pen.」の「I」「love」「you」「This」「is」「a pen」をS．V．O．Cにあてはめ、「たし算」と「かけ算」の要領で単語を組み合わせ、英文を自由に作る方法を説明しましょう。

◆I型の考え方

例）I love you.

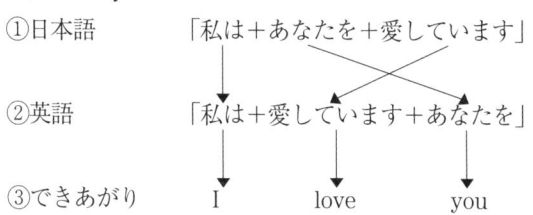

①日本語　　　　「私は＋あなたを＋愛しています」

②英語　　　　　「私は＋愛しています＋あなたを」

③できあがり　　　I　　　　love　　　　you

④単語の並べ方　　～は　＋　～する　＋　～を、に

⑤英語のしくみ

⑥あとは単語を増やすだけ

英語の骨組み			肉付け部分
S	V	O	
I (私は)	love (愛する)	you (あなたを、に)	場所、時間、曜日など、自由につけ加えることができる
Taro (タローは) This (こちらは) The wine (そのワインは)	call (電話する) buy (買う)	Taro (タローを、に) the pen (ペンを、に) the wine (ワインを、に)	

◆Ⅰ型の作り方
① 「〜は」を決める
　　I　　（私は）
　　Taro　（太郎は）
② 「〜する」の結果を先に言ってしまう
　　I+love　（私は+愛する）
　　Taro+calls　（タローは+電話する）
③ 「を、に」の目的を付け加え…
　　I+love+you　（私は+愛する+あなたを）
　　Taro+calls+you　（タローは+電話する+あなたに）

…英語の骨組ができあがり。
　このように単語のたし算とかけ算で自由に英文を作り話すことができます。

（例）

	英語の骨組み			肉付け部分
	「S　　+　　V　　+　　O」			
	〜は　　　〜する　　　〜を、に			
①	I	love	+ Taro	very much.
		love	+ the wine	
②	I	call	+ you	from the station
		call	+ Taro	
③	I	buy	+ the pen	at the station
		buy	+ the wine	on Sunday
⑤	Taro	loves	+ you	very much
		calls	+ you	from the station
		buyes	+ the pen	at school
		buyes	+ the wine	on Sunday

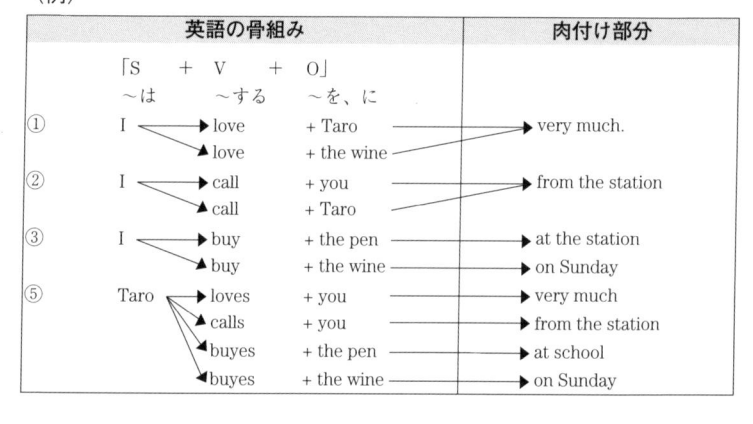

◆II型の考え方

例) This is a pen

①日本語　　　　「これは＋ペン＋です」

②英語　　　　　「これは＋です＋ペン」

③できあがり　　　This　is　a pen

④単語の並べ方　　～は ＋ ～です ＋ ～

⑤英語のしくみ

| 英語の骨組み | | | 肉付け部分 |
S	V	O	
This (これは)	is (です)	a pen (ペン)	場所、時間、曜日など、自由につけ加えることができる
I (私は)	is	the wine (そのワイン)	
Taro (タロー)	am	Taro (タロー)	
The wine (そのワイン)	are	happy (幸せな) delicious (おいしい)	

⑥あとは英語を増やすだけ

◆II型の作り方

①「～は」を決める

　　This　（これは）

　　I　（私は）

②「～です」の結果を先に言ってしまう

PART 1 これで今日から自由に話せる

This + is + ～   (これは+です+～)
I + am + ～   (私は+です+～)

③「～」の補語を付け加え英語の骨組みができあがり

This + is + a pen   (これは+です+ペン)
I + am + happy   (私は+です+しあわせ)

このように単語をたし算とかけ算方式で自由に組み合わせ英文を作り話すことができます。

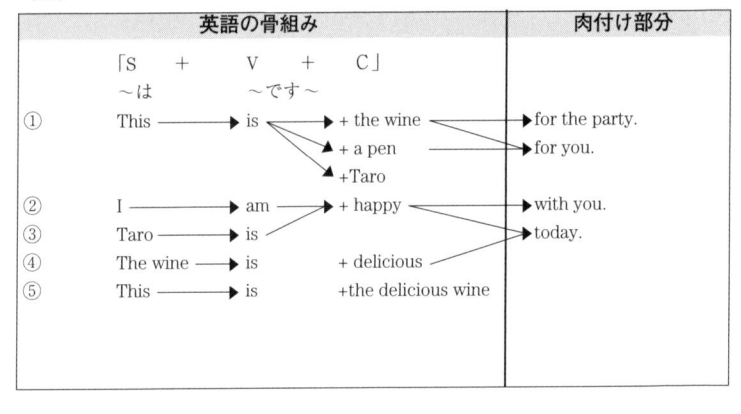

(例)

英語の骨組み	肉付け部分
「S ＋ V ＋ C」 〜は　〜です〜	
① This ─→ is ─→ + the wine ─→ for the party.	
＋ a pen ─→ for you.	
＋Taro	
② I ─→ am ─→ + happy ─→ with you.	
③ Taro ─→ is ─→ today.	
④ The wine ─→ is　+ delicious	
⑤ This ─→ is　+the delicious wine	

2 "Happy"は「しあわせ」か

日常会話の基本は1000語

　単語の5通りの並べ方の中で、日常会話に最もよく使われるのが2番目「S＋V＋C」のThis is a pen.と3番目「S＋V＋O」I love you.の2つの語順です。This is a pen.型で20％、I love you.型で約60％以上の表現が可能です。個人差、会話内容によりますが、日常よく使われる動詞を基本としますと、この2つの英語のしくみ、語順を理解すれば、あとは単語を増やし、I / love / you. This / is / a / pen.のそれぞれの単語の代わりにあなたが話したい内容の単語をあてはめ、たし算とかけ算のごとく組み合わせることにより、何十、何百通りもパターンを丸暗記することなく、話したいことを自由に英作することができます。

　なぜなら、個人差、状況にもよりますが、通常の日常生活（3級～準2級レベル）の会話を目安とすれば、英語の5通りの語順の中で、残り3つのⅠ型S＋V（～は＋する）、Ⅳ型S＋V＋O＋O（～は＋～する＋～に＋を）、Ⅴ型S＋V＋O＋C（～は＋する＋～を＋～と）の語順に使われる動詞グループは日常会話に使われる約300語のうち約60語くらいに限定され、さらにその約60語のうちⅠ型のS＋Vの語順を除くⅣ、Ⅴ型の語順に使用される動詞グループの多くは、I love you.型（S＋V＋O）にも使うことができるからです。

　参考に知っておいていただきたいことは、日常会話、ビジネス、ホームステイで最もよく使われる単語は、英検3級レベル（中学3年生）の約1300語、英検準2級レベル（高校2年生）の約2500語、英検2級レベル（高校3年生）の約3500語に比べ、1000語程度です。それらの単語を知っているだけでなく、すべて日本語→英語に1秒以内で瞬時に言えるくらい反復すれば、専門用語を別としてビジネス、ホームス

PART 1　これで今日から自由に話せる

テイにほとんど困ることはありません。その約1000語の中は、S・V・O・Cの英語の骨組みになれるグループ、肉付けにしかなれないグループの8つのグループに分けられます。

英語の骨組みになれるグループ

①名詞グループ

「pen」（ペン）「wine」（ワイン）「Taro」（タロー）のように物や人の名を表すグループ

②代名詞グループ

「I」（私）「This」（これ）「you」（あなた）のように物や人の名前を呼ばずにその代わりを表すグループ

③動詞グループ

「love」（愛する）「call」（電話する）「buy」（買う）など（～する）と動作を表す一般動詞と呼ばれるものと、「is / am / are」（です、ます）のbe動詞と呼ばれる状態を表す2種類がある。

④形容詞グループ

「happy」（しあわせ）「delicious」（おいしい）「beautiful」（美しい）など名詞グループの状態、性質などを表すグループ

肉付け部分にしかなれないグループ

⑤副詞グループ

「very much」（大変）「today」（今日）、「tomorrow」（明日）程度、時などを表すグループ

⑥前置詞グループ

「from」（～から）「at +場所」「on +曜日」など

⑦接続詞グループ

「and」(そして)「because」(なぜなら) など
⑧間投詞グループ
「Hello」(やあ)「Oh」(おや) など

　これら8つの単語グループを「S・V・O・C」になれるグループ、肉付けにしかなれないグループに分けると、次の通りです。

骨組み「S・V・O・C」になれるグループ

S「〜は」になれるグループ……名詞、代名詞グループ
　　　「pen」(ペンは)　「I」(私は)
V「〜する」「です」になれるグループ……動詞グループ
　　　「love」(愛する)　「is / am / are」(です、ます)
O「〜に、を」になれるグループ　……名詞、代名詞グループ
　　　「pen」(ペンを)「you」(あなたを)
C「〜」になれるグループ……名詞、代名詞、形容詞グループ
　　　「pen」(ペン)「you」(あなたに)

肉付けにしかなれないグループ　形容詞、副詞グループ

　　　「happy」(しあわせな)「very much」(大変)

単語は意味だけでなく所属グループも覚えよう

　単語にはその働きや役割により、8つのグループがあります。
　このように、単語を覚えるとき、I＝私、beautiful＝美しいなどの「意味」だけでなく、その単語がどのグループに属しているのかを知らなければ正しく単語を並べることができません。つまり正しく話せない、聞けない、読めない、書けないということになります。

たとえば、happy（幸せな）という、単語があります。これは8つのグループの中で形容詞グループといわれる、物や人の性質、状態を表現するグループの単語のひとつで、英語の4大柱の補語「C」にはなれますが、主語「S」や目的語「O」にはなれません。たとえば、I am happy.（私は幸せです）といえますが、Happy is ～やI want happy.とはいえません。もし会話の中で、主語や目的語として、すなわち「幸運は」「幸福を、に」として使いたいときは、happiness（幸福）という名詞グループとしての単語を知っていなければなりません。

　このように、単語を覚える場合、ただ単に日本語の意味だけを覚えていても、その単語が8つのグループの中でどのグループに属しているのかを知っておかなければ、正しく単語を並べることはできません。正しく話せる、聞ける、読める、書けるということにはならないのです。

　なぜ話せない、英作できないのか、それは「英語の骨組みと8つの単語グループ」の関係を軽視または理解していないことが大きな原因の一つです。このことは教科書英語の苦手な中学生、高校生、大学生に共通していることです。

　でも「英語の骨組みと8つの単語グループ」との関係を理解し、単語を意味だけでなく必ずその役割のグループ別に覚えれば英文がこれまでより単純に見えてくることがおわかりになると思います。

　最初からうまく話す必要も、英米人のように速く流暢に話す必要も、文法的に完全を求める必要もありません。はじめは細かい部分を気にかけず、何が、誰が、どうするの、まず、主語、動詞だけをそろえることを目標に単語ひとつでもとにかく口に出すことが大切です。そしてどしどし間違え、正しい努力をすれば必ず基礎英語をマスターすることができます。

3 マスターのポイントは動詞

動詞は英語のエンジン

　効率よく英会話をマスターするには、8つの単語グループの中でいわば自動車のエンジン、まさに英語の心臓部である動詞グループをマスターすることです。

　たとえば、I love you.（私はあなたを愛しています）の中で、love（愛する）が動詞です。もし、あなたがIとyouだけ知っていて、「愛する」＝「love」を知らなかったり思い出せない場合、I（私は）you（あなたを、に）をどうするのか、あなたが話したい内容の結果を伝えることができません。つまり、私はあなたを「visit」（訪問する）のか「know」（知っている）のか「invite」（招待する）のか「introduce」（紹介する）のか「love」（愛している）のかわかりません。英語は「だれが」「どうする」の結果を先に言ってしまう、結果優先の言語で、その結果を表すのが動詞グループであるからです。

　すなわち、動詞が即座に言うことができるということは、英語がスムーズに話せること、また、動詞が聞き取れないということは、相手の会話を正確に聞き取ることができないということになります。センター試験、英検、TOEICなどの英文を文頭から理解しなければならない即答を要求される場合にも、この動詞グループを最優先に覚えることが時間短縮のポイントです。名詞、代名詞、形容詞、その他の単語グループを何千語覚えても、動詞グループを知らなければ英語を話すこと、聞くことはできません。それはエンジンのない車のようなものであるからです。逆に、10語の動詞を覚えれば、次の例文のように、さっそく10通りの表現ができることになります。

PART 1　これで今日から自由に話せる

① I visit.　　　　（私は訪問する）
② I know.　　　　（私は知っている）
③ I invite.　　　　（私は招待する）
④ I introduce.　　（私は紹介する）
⑤ I love.　　　　　（私は愛する）
⑥ I call.　　　　　（私は電話する）
⑦ I go.　　　　　　（私は行く）
⑧ I swim.　　　　（私は泳ぐ）
⑨ I travel.　　　　（私は旅行する）
⑩ I walk.　　　　（私は歩く）

　あとは、話したい内容の中で、「〜を、〜に」にあたる語句を動詞のあとに付け加えたり、go（行く）、swim（泳ぐ）などのように「を、に」の部分が必要のない動詞には、時間、場所、曜日などを加えていけばよいのです。英会話マスターのポイント、それは動詞グループをマスターすることです。

英語の骨組み	肉付け部分	
① I visit you	at 1 o'clook.	（私は1時にあなたを**訪問する**）
② I know you.		（私はあなたを**知っている**）
③ I invite you	on Sunday.	（私は日曜日にあなたを**招待する**）
④ I introduce you	to my friend.	（私は私の友人をあなたに**紹介する**）
⑤ I love you.		（私はあなたを**愛する**）
⑥ I call you	from Tokyo.	（私は東京からあなたに**電話する**）
⑦ I go	to the department store.	（私はデパートに**行く**）

⑧ I swim　　　　in the swimming pool.

　　　　　　　　　　　（私はプールで泳ぐ）

⑨ I travel　　　　to a foreign country.

　　　　　　　　　　（私は海外へ旅行する）

⑩ I walk　　　　to the station.　（私は駅まで歩く）

基本動詞は声に出して覚えよう

　動詞を早く覚える方法の一つとして、日常生活の中での自分の動作をしながら、または思い出し、それに「I」をつけて、ときにはつぶやいてみることです。たとえば、朝起きるときには I get up.（私は起きる）出かけるときには I go.（私は行く）食べる時には I have.（私は食べる）買い物をするときに I buy.（私は買う）急ぐときには I hurry.（私は急ぐ）などのようにすると、楽しく覚えることができます。この作業を一週間ほど続ければ、日常生活ではそれほど多くの動詞を使用せず、私達はほとんど毎日、朝から晩まで同じような表現や単語を使って生活していることに気づかれると思います。これは、英検2次面接のカードの状況説明やナレーション対策にも有効な方法であります。英検3級（中学英語）レベルでは約300語の動詞がありますが、2～3週間のホームステイの場合でも約100語もあればホストファミリーとの日常の会話は十分楽しむことができます。

　本書とクイックシートのA面B面には約300語の動詞があります。これだけあれば、海外の個人旅行はもとよりビジネス、ホームステイなどあらゆる状況に対応することができますので最優先で覚えてください。私たちの朝から帰宅までの主な動作を次にピックアップしておきましたので、英文のしくみの理解の参考にしてください。

通勤、通学途上

① I leave for work.　　　　　　　　　私は会社へ**行きます**。

② I go to the station.　　　　　　　　私は駅へ**行きます**。

③ I wait for the train.　　　　　　　　私は列車を**待ちます**。

④ I get on the train.　　　　　　　　　私は列車に**乗ります**。

⑤ I get to the office.　　　　　　　　私は会社へ**到着します**。

学校、職場

⑥ I get to work soon.　　　　　　　　私はすぐ仕事を**始めます**。

⑦ I call a customer.　　　　　　　　　私は得意先に**電話をします**。

⑧ I get telephone call.　　　　　　　私が電話を**受けます**。

⑨ I take a rest for a while.　　　　　私はしばらく**休息します**。

⑩ My work finishes on time.　　　　仕事は時間通りに**終わります**。

帰宅途中

⑪ I come home.　　　　　　　　　　　私は家に**帰ります**。

⑫ I go to a restaurant.　　　　　　　私はレストランへ**行きます**。

⑬ I see my friends there.　　　　　　私はそこで友人に**会います**。

⑭ I catch a taxi on the street.　　　私は通りで**タクシーに乗ります**。

帰宅

⑮ I get to my home around nine.　　私は9時頃家に**着きます**。

⑯ I have a talk with my family/　　　私は家族と**団らんします**。

⑰ I take a bath.　　　　　　　　　　　私は**お風呂に入ります**。

⑱ I turn on the TV.　　　　　　　　　私はテレビを**つけます**。

就寝

⑲ I go to bed.　　　　　　　　　　　　私は**寝ます**。

4 よくわかる英語のしくみ

文型ごとの動詞の使用例

　それではこれまで、「英語のしくみ」の中でI love you.型と This is a pen.型で動詞の大切さを説明してきましたが、ここではクイックシートの動詞を使い、具体的にクイックシートを照らし合わせ、英文のしくみ、作り方の参考にしてください。

●I love you.型

日常よく使う動詞

E1〜11、F1〜19

① I will buy the book for study.　　私は勉強のためにその本を**買う**。

② I will visit my friend on Sunday.　私は日曜日に友人を**訪問する**。

③ I will call you around 7 o'clock.　私はあなたに7時頃**電話する**。

④ I will meet him about it.　　　　私はその件で彼に**会う**。

⑤ I will drink the wine after work.　私は仕事のあとそのワインを**飲む**。

⑥ I love you with all my heart.　　私は心よりあなたを**愛している**。

⑦ I want it later.　　　　　　　　私はあとでそれが**欲しい**。

⑧ I help them every time.　　　　私はいつでも彼らを**助ける**。

⑨ I read the book as a hobby.　　　私は趣味としてその本を**読む**。

⑩ I will introduce Taro to you.　　私はタローをあなたに**紹介する**。

⑪ I like nature very much.　　　　私は大変自然が**好き**。

重要基本動詞

E12〜22、F1〜19

⑫ I like to make a salad.　　　　　私はサラダを作ることが**好き**。

⑬ I like making a salad.　　　　　　〃

⑭ I have coffee with my friend.　　私は友人とコーヒーを**飲む**。

⑮ I get it through my friend.　　　私は友人を通じてそれを**手に入れる**。

⑯ I will make a salad before lunch.　私は昼食の前にサラダを**作る**。

PART 1 これで今日から自由に話せる

⑰ I see my friend sometimes. 私は時々友人と会う。
⑱ I keep it in my bag usually. 私はいつもそれをかばんに持っている。
⑲ I take her to the station by car. 私は彼女を車で駅へ連れて行く。
⑳ I put the pen near the television. 私はいつもテレビのそばにペンを置く。
㉑ I say it to him by telephone sometimes. 私は時々電話でそれを彼に言う。
㉒ I do it for them with all my might. 私は一生懸命彼らのためにそれをする。
㉓ I give Taro the book for the tomorrow. 私は明日タローにテストのためその本をあげる。
㉔ I send him the wine as a present. 私は彼にワインをプレゼントに送る。

SVOO型によく使う動詞

㉕ I show you the way to the duty free shop. 私はあなたに免税品店への道を教える。
㉖ I tell him it by Taro after this. 私はこの後電話でそれを彼に教える。
㉗ I will lend her my camera in front of the station tomorrow. 私は明日彼女に駅の前でカメラを貸す。
㉘ I will probably bring my friend to the party. 私はたぶん友人をパーティーに連れていく。

SVOC型によく使う動詞

㉙ I pay them it at the office then. 私はその時オフィスでそれを彼らに支払う。
㉚ I write you a letter from Sydney soon. 私はシドニーからあなたにすぐに手紙を書く。
㉛ I will think him honest. 私は彼を大変正直だと思う。
㉜ I leave the window open 私はふだん少し窓を開けたままにしてお

a little usually.

SV型によく使う動詞 　　　　　　　E31〜38、F1〜19

㉝ I go to school at 7 o'clock.　　　　私は７時に学校へ**行く**。

㉞ I came to the party　　　　　　　　私は今夜友人とパーティーに**寄らせて**
with my friend tonight.　　　　　　**いただきます**。

㉟ I swim every morning.　　　　　　私は毎朝**泳ぐ**。

㊱ I walk to the station for health.　　私は健康のために駅まで**歩く**。

㊲ She is running with her dog　　　　彼女は川に沿って犬と**走っている**。
along the river.

㊳ She smiles like Mona Lisa　　　　　彼女は時々モナリザのように**微笑む**。
sometimes.

㊴ She works at the bank in Tokyo.　彼女は東京の銀行で**働いている**。

㊵ She is sitting with her friend　　　　彼女は木の下で**座っている**。
under the tree.

SVC型によく使う動詞 　　　　　　　E39〜44、F20〜43

㊶ He will grow tall.　　　　　　　　　彼は背が高く**なる**でしょう。

㊷ You look happy today.　　　　　　あなたは今日大変幸せそうに**見える**。

㊸ I feel hungry now.　　　　　　　　私は今空腹を**感じる**。

㊹ This apple tastes sweet.　　　　　　このリンゴは甘い**味がする**。

㊺ She seems very busy anyway.　　　彼女はとにかく忙しいように**見える**。

㊻ It will be fine tomorrow.　　　　　　明日は天気**でしょう**。

●This is a pen.型 　　　　　　　　C1〜21、F1〜43

① I am busy on Monday.　　　　　　私は月曜日は忙しいです。

② You are very happy.　　　　　　　あなたは大変幸せです。

③ We are a little thirsty.　　　　　　私達は少し喉が渇いています。

PART 1 これで今日から自由に話せる

④ They are probably hungry. 彼らはたぶん空腹です。
⑤ He is tired now. 彼は今疲れています。
⑥ She is very kind. 彼女は大変親切です。
⑦ It is cold today. 今日は寒いです。
⑧ This is a popular book now. これは今人気のある本です。
⑨ That is an expensive wine. これは高価なワインです。
⑩ These are yours. これらはあなたのものです。
⑪ Those are cheap. それらは安いです。
⑫ My friend is usually careful. 私の友人はふだん注意深いです。
⑬ Taro is sleepy. タローは少し眠いです。
⑭ The book is mine. その本は私のです。
⑮ The pen is fine for me. そのペンは私にとってすばらしいです。
⑯ The salad is delicious for us. そのサラダは私達にはおいしいです。
⑰ That wine is famous among young people. そのワインは若い人達の間で有名です。
⑱ The coffee is too hot for her. そのコーヒーは彼女には熱いです。
⑲ Nature is very beautiful 自然は大変美しいです。
⑳ To make a salad is refreshing. サラダを作ることは気分転換にいいです。
㉑ Making a salad is a good way to refresh yourself. サラダを作ることは気分転換にいいです。

PART 2 クイックシートで文法&会話同時マスター！

1 A面で日常会話の基本表現をマスター

　PART 1で、I love you. と This is a pen.の２つが基本的な語順であると説明しました。ここでは、それら２つの例を用いて「クイックシート」を使った、基本パターンを丸暗記することなく自分で考え英作文ができるようになる方法を説明しましょう。

Ⅰ型　I love you. 型　　　（私は今日友人と駅で本を買う）
Ⅱ型　This is a pen. 型　　（私の友人は今、会議のため忙しいです）

　これらⅠ、Ⅱ２つの日本語を英語に直す方法を理解されればⅠ型のS+V+C（～は＋です＋を、に）の語順で、日常会話の約60％、Ⅱ型のS+V+OC（～は＋です＋～）の語順で約20％。Ⅰ、Ⅱ合わせますと約80％以上は単語のたし算、かけ算の組み合わせ方式で自由に作り、話すことができます。

　ほかの３つの語順 I swim.（私は＋泳ぐ型）、I give you a pen.（私は＋あげる＋あなたに＋ペンを型）、I call my friend Taro.（私は＋呼ぶ＋私の友人を＋タローと型）には、Ⅰ、Ⅱ２つの型をマスターしてからお進みください。

　それでは、それらⅠ、Ⅱの例を中心に「クイックシート」の使い方を説明していきます。13の順序がありますが、順序１～順序10までが日常会話に必要な基本ルールで、順序11～順序13は応用です。基本を十分理解された上でお進みください。

②「クイックシート」のしくみ

Ⅰ (I love you.) 型を例にクイックシートの見方を見てみましょう。

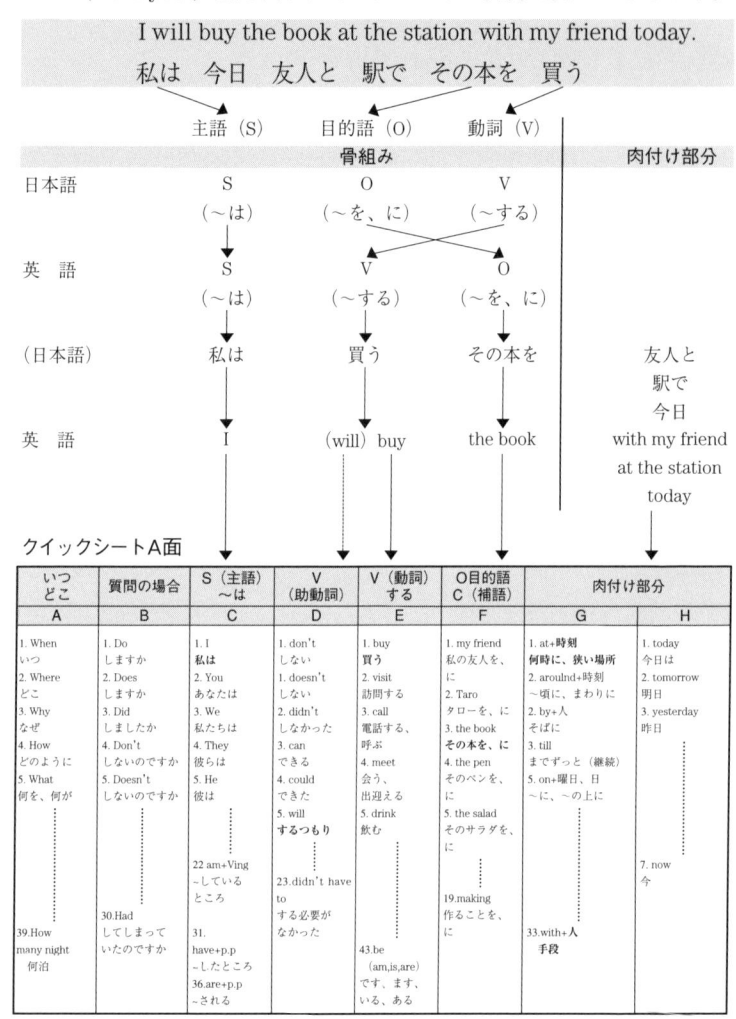

I will buy the book at the station with my friend today.
私は　今日　友人と　駅で　その本を　買う

　　　　　　　　主語(S)　　目的語(O)　　動詞(V)

	骨組み			肉付け部分
日本語	S (〜は)	O (〜を、に)	V (〜する)	
英　語	S (〜は)	V (〜する)	O (〜を、に)	
(日本語)	私は	買う	その本を	友人と 駅で 今日
英　語	I	(will) buy	the book	with my friend at the station today

クイックシートA面

いつ どこ	質問の場合	S (主語) 〜は	V (助動詞)	V (動詞) する	O目的語 C (補語)	肉付け部分	
A	B	C	D	E	F	G	H
1. When いつ	1. Do しますか	1. I **私は**	1. don't しない	1. buy **買う**	1. my friend 私の友人を、 に	1. at+時刻 **何時に、狭い場所**	1. today **今日は**
2. Where どこ	2. Does しますか	2. You あなたは	2. doesn't しない	2. visit 訪問する	2. Taro タローを、に	2. arouInd+時刻 〜頃に、まわりに	2. tomorrow 明日
3. Why なぜ	3. Did しましたか	3. We 私たちは	3. didn't しなかった	3. call 電話する、 呼ぶ	3. the book **その本を、に**	3. by+人 そばに	3. yesterday 昨日
4. How どのように	4. Don't しないのですか	4. They 彼らは	4. can できる	4. meet 会う、 出迎える	4. the pen そのペンを、 に	4. till までずっと (継続)	
5. What 何を、何が	5. Doesn't しないのですか	5. He 彼は	5. could できた	5. drink 飲む	5. the salad そのサラダを、 に	5. on+曜日、日 〜に、〜の上に	
			5. will **するつもり**				
		22 am+Ving している ところ	23.didn't have to する必要が なかった		19.making 作ることを、 に		7. now 今
39.How many night 何泊	30.Had してしまって いたのですか	31. have+p.p 〜したところ 36.are+p.p 〜される		43.be (am,is,are) です、ます、 いる、ある		33.with+人 **手段**	

26

同様に、Ⅱ（This is a pen.）型の場合は次のようになります。

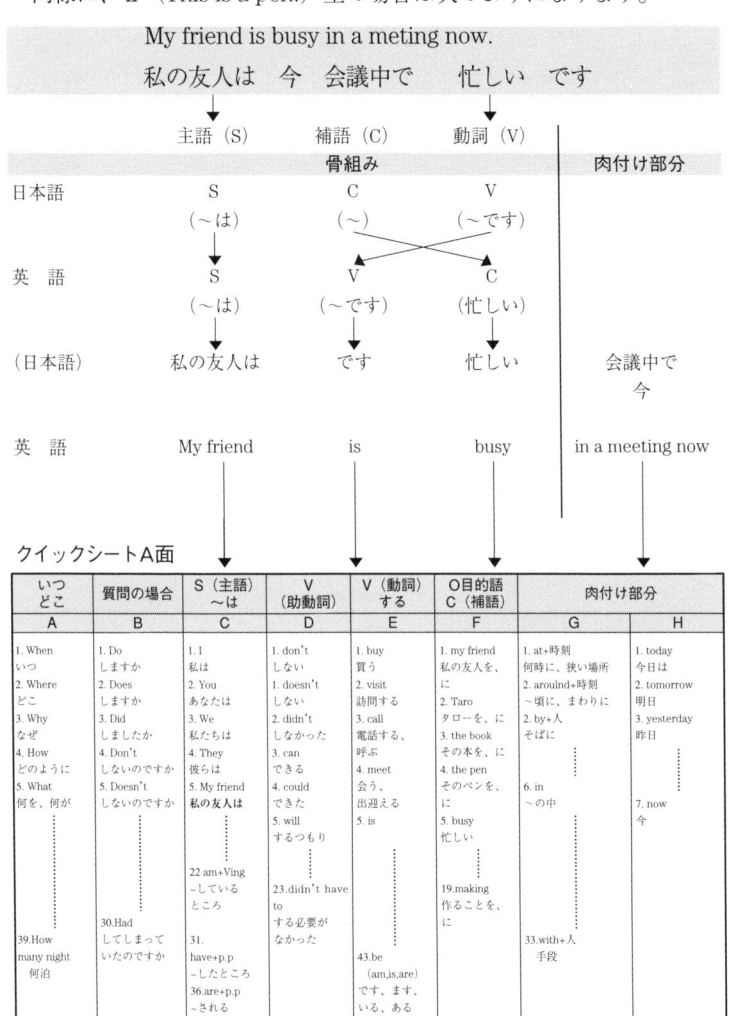

My friend is busy in a meeting now.
私の友人は　今　会議中で　忙しい　です

　　　　　　　主語（S）　　補語（C）　　動詞（V）
　　　　　　　　　　　　骨組み　　　　　　　　　　　肉付け部分

日本語　　　　S　　　　　C　　　　　V
　　　　　　（〜は）　　（〜）　　　（〜です）

英　語　　　　S　　　　　V　　　　　C
　　　　　　（〜は）　　（〜です）　（忙しい）

（日本語）　　私の友人は　　です　　　忙しい　　　　　会議中で
　　　　　　　　　　　　　　　　　　　　　　　　　　　今

英　語　　　My friend　　is　　　　busy　　　　in a meeting now

クイックシートA面

いつ どこ	質問の場合	S（主語）〜は	V（助動詞）	V（動詞）する	O目的語 C（補語）	肉付け部分	
A	B	C	D	E	F	G	H
1. When いつ	1. Do しますか	1. I 私は	1. don't しない	1. buy 買う	1. my friend 私の友人を、に	1. at+時刻 何時に、狭い場所	1. today 今日は
2. Where どこ	2. Does しますか	2. You あなたは	2. doesn't しない	2. visit 訪問する	2. Taro タローを、に	2. around+時刻 〜頃に、まわりに	2. tomorrow 明日
3. Why なぜ	3. Did しましたか	3. We 私たちは	3. didn't しなかった	3. call 電話する、呼ぶ	3. the book その本を、に	3. by+人 そばに	3. yesterday 昨日
4. How どのように	4. Don't しないのですか	4. They 彼らは	4. can できる	4. meet 会う、出迎える	4. the pen そのペンを、に		
5. What 何を、何が	5. Doesn't しないのですか	5. My friend 私の友人は	5. could できた	5. is	5. busy 忙しい	6. in 〜の中	7. now 今
			5. will するつもり				
		22 am+Ving 〜しているところ	23.didn't have to する必要がなかった		19.making 作ることを、に		
39.How many night 何泊	30.Had してしまっていたのですか	31. have+p.p 〜したところ 36.are+p.p 〜される		43.be (am,is,are) です、ます、いる、ある		33.with+人 手段	

3 英文のつくり方

順序1　主語を決める
表現したい内容の主語「〜は」を明確にする。
① I〜（私は）　　　　　　　　　　　　　　　　　　　C1
② My friend（私の友人は）　　　　　　　　　　　　　C12

順序2　動詞を決める
主語が決まれば、その主語「〜は」がどうするのかという「〜する」という動作を表す語、つまり動詞を次にもってきて、先に結果を言ってしまう。また結果が「〜です」であれば、is / am / areなどで表現する。
① I buy（私は買う）　　　　　　　　　　　　　　　　E1
② My friend is（私は〜です）　　　　　　　　　　　　D27

順序3　目的語・補語を決める
表現したい内容が「〜は＋〜する」または「〜は＋〜です」のどちらかに決まれば、必要に応じて目的語「〜に、〜を」または補語「〜」をつけ加えて英語の骨組みができあがります。
① I buy the book.（私はその本を買います）　　　　　　F3
② My friend is busy.（私の友人は忙しいです）　　　　　F20

順序4　過去を表現する場合
「〜しました」はその動詞を過去形、「buy」の過去形「買いました」は「bought」にし、「〜でした」はwas、wereのどちらかで表現します。
① I bought the book yesterday.（私は昨日本を買いました）　E1

②My friend was busy yesterday.（私の友人は昨日忙しかったです）

D27

順序5 未来・否定・可能を表す場合

　未来「〜でしょう」「〜するつもり」、否定「〜しない」、可能「〜できる」などの表現をする場合。次の例文は未来を表現する場合です。

①I will buy the book tomorrow.（私は明日本を買うつもりです）

D8

②My friend will be busy tomorrow.（私の友人は明日忙しいでしょう）

D38

順序6　時、場所、程度などを表現する場合

①I will buy the book with my friend at the station today.
（私は今日友人と駅で本を買うつもりです）

G1,H1

②My friend will be busy untill 2 o'clock today.
（私の友人は今日の2時まで忙しいでしょう）

G4,H1

順序7　質問する場合

①Did you buy the book yesterday?（あなたは昨日本を買いましたか）

B3

②Is your friend busy now?（あなたの友人は今忙しいですか）　B20

順序8　「いつ」「どこ」を質問する場合

　質問に「いつ」「どこ」などが含まれる場合です。

①When did you buy the book?（あなたはいつその本を買いましたか）

A1

②Why is your friend busy today?（なぜあなたの友人は今日忙しいのですか？）　A3

順序9　「そして」「なぜならば」を表現する場合
「そして」「なぜならば」などで会話をつなぐ場合です。
①I will buy the book today and I'll read it tomorrow.
（私は今日その本を買います。そして明日それを読むつもりです）　H31

②My friend is busy now because he is in a meeting now.
（私の友人は今忙しいです。なぜならば会議をしているからです）　H35

順序10　進行形を表す場合
「今～しているところ」など動作の進行中を表現する場合。②にはこの型はありません。
①I am buying the book now.（私は今本を買っているところです）　C22

順序11　状態を表す場合
「～したところ」「ずっと～している」などの動作や状態を表現する場合。
①I have just bought the book.
（私はちょうど本を買ったところです。＝現在もそれをもっている）　C32

②My friend has been busy since 2 o'clock today.
（私は今2時からずっと忙しかった＝そして現在も忙しい）　C31

順序12　受け身を表現する場合

「～されている」「～された」など受身の表現をする場合。②にはこの表現はありません。

①The books are bought by students in Japan.
　（その本は日本の学生の間で買われています）　　　C37

順序13　「～である人、物」などふたつの表現を一度でいう場合

①I will buy the book which is popular in Japan at the station with my friend today.
　（私は今日私の友人と駅で日本で評判の本を買うつもりです）　　H38

②My friend who is writing the memo is busy in a meeting.
　（メモを書いている私の友人は今会議中で忙しいです）　　H36

❹ 文法はこんなにカンタン、便利

　これまでの説明で、I love you.とThis is a pen.で英語のしくみと英文の作り方をおわかりいただけたと思います。次は、文法を会話の中で道具として使うことができるよう、ワンランク上への会話表現を目指しましょう。時折、会話には文法はいらないと耳にすることがありますが、それは、あいづちや日常のごく決まり表現のことで、通常の日常生活の会話には、大学受験のような文法はいらないにしても、中学3年程度のことは基本ルールとして知っておく必要があります。

　文法というと、不定詞とか、現在完了、関係詞など、聞いただけで頭が痛くなるという方も多いと思います。しかし実際は、それらの用語から受けるイメージほど難しいものではないのです。なぜなら、文法のどの項目をとっても先述した8つの単語グループのいずれかに属し、使い方、文中でのはたらきはそれぞれの単語グループと同じ役目をするからです。

　文法の苦手な方の共通項の一つは、文法を学習される時、進行形、不定詞、現在完了形など文法項目だけにとらわれ、その文法項目は英文の中のどこの部分の学習なのかということを考えないことです。進行形は「be動詞＋動詞のing型」、不定詞は「to＋動詞の原型」、現在完了形は「have／has＋過去分詞」、などその「形」にとらわれ、進行形は動詞の部分の応用であるとか、不定詞は名詞グループ、形容詞グループ、副詞グループの3つの単語グループの働きをするとか、現在完了も動詞の応用であるということなど、単語グループと文法グループとは密接につながり、どの文法項目も8つの単語グループのどれかに属するということを忘れがちなのです。しかし、それらのことを知っておけば、"英語"はそれまでとは格段に単純に見え、英語、文法に

対する見方が変わります。この機会に文法を見直して便利な道具として使えるようにしてください。

それでは、クイックシートEの14．make（作る）を使い、「I make a salad.」（私はサラダを作る）を変化させてみましょう。

① 私はサラダを作る（現在形）　　　I make a salad.
② 私はサラダを作った（過去形）　　I made a salad.
③ 私はサラダを作るつもり（未来形）I will make a salad.
④ 私はサラダを作っているところ（進行形）

　　　　　　　　　　　　　　　　I am making a salad.
⑤ 私はサラダを作ることができる（助動詞）

　　　　　　　　　　　　　　　　I can make a salad.
⑥ 私はサラダを作ったことがある（現在完了）

　　　　　　　　　　　　　　　　I have made a salad.
⑦ そのサラダは作られた（受身）　　The salad was made.
⑧ 私はサラダを作ることが好き（不定詞）

　　　　　　　　　　　　　　　　I like to make a salad.
⑨ 私はサラダを作ることが好き（動名詞）

　　　　　　　　　　　　　　　　I like making a salad.
⑩ これは私が作ったサラダです（関係代名詞）

　　　　　　　　　　　　　This is the salad which I made.

このように、1～10の例のように少しの文法を知ることによって表現がずっと豊かになります。本書とクイックシートには約300語の動詞がありますが、何倍何十倍もの表現に広がる可能性があるのです。これで文法の必要性、便利さがおわかりいただけたと思います。

PART 3 文法もこれでラクラク 基本マスターレッスン14

◆ 英文法をマスターする14のレッスン

　それでは、PART 1、PART 2で英語の骨組みS、V、O、Cと肉付けグループの説明をしましたが、ここではそれらを基本に単語グループと文法グループの関係をまとめておきます。文法の各項目の意味を把握するようにしてください。

英語の骨組み「S・V・O・C」になれるグループ

S	「〜は」になれる単語&文法グループ	名詞、代名詞 （不定詞、動名詞など）
V	「〜する・です」になれる単語&文法グループ	動詞 （進行形、未来形、完了形など）
O	「〜に・を」になれる単語&文法グループ	名詞、代名詞 （不定詞、動名詞など）
C	「〜」になれる単語&文法グループ	名詞、代名詞、形容詞 （不定詞、動名詞など）

英語の肉付けにしかなれない単語&文法グループ

形容詞グループ	（不定詞の形容詞的用法、関係代名詞、現在分詞など）
副詞グループ	（不定詞の副詞的用法、副詞節など）

　このように、文法には難しそうな項目がありますが、8つの単語グループのいずれかに属します。どこに属するかがわかれば、その単語グループと同じ役割、働きをするので応用がしやすくなります。

レッスンの順序＆方法

① まず、Lesson 1～Lesson 14の日本文を1行ずつよく読んでください。
② 次に英文を1行ずつよく読んでください。
③ 文法全体の存在理由、役割、使い方を理解してください。
④ Lesson 1～Lesson 14の日本語を英作します。
⑤ Lesson 1～Lesson 14の英作ができるようになれば、日本文だけを見て英文を1センテンス5秒以内で口に出して言えるようにしてください。これができるようになれば文法の骨組みは身についたといえます。
⑥ Lesson 1～Lesson 14を日本語→英語の順に余裕をもって言えるよう何度も反復してください。文法を身につけることにより、スマートな表現やより細やかな表現ができるようになります。

LESSON 1 文の種類 1

① 私はサラダを作ります。

② 私はサラダを作りません。

③ このサラダはおいしいです。

④ このサラダはおいしくありません。

⑤ あなたはサラダを作りますか?

⑥ このサラダはおいしいですか?

⑦ あなたは何を作っているところですか?

⑧ あなたはサラダを作らないのですか?

⑨ 彼女はサラダを作りますね?

⑩ このサラダはおいしいですね。

平叙文／肯定文／否定疑問文

① I **make** a salad.

② I **don't make** a salad.

③ This salad **is delicious**.

④ This salad **isn't delicious**.

⑤ **Do** you **make** a salad?

⑥ **Is** this salad **delicious**?

⑦ What **are** you **making**?

⑧ **Don't** you **make** a salad?

⑨ She makes a salad, **doesn't she**?

⑩ This salad is delicious, **isn't it**?

LESSON 2 文の種類 2

① サラダを作りなさい。

② 注意しなさい。

③ なんてこのサラダはおいしいのでしょう。

④ なんてこのサラダはおいしいのでしょう。

⑤ 私はサラダを作ります。

⑥ 私はサラダを作りました。そしてそれを私の友人にあげるつもりです。

⑦ 私はこのサラダがおいしいことを知っています。

⑧ 私はサラダを作ります。そして彼らにあげるつもりです。

⑨ 私はこのサラダはおいしいと思う。

⑩ もし明日暇ならば私はサラダを作る。

命令文／感嘆文／単文・重文・複文

① **Make** a salad!

② **Be** careful!

③ **What a delicious** salad this is!

④ **How delicious** this salad is!

⑤ I **make** a salad.

⑥ I made a salad **and** I will give it to my friend.

⑦ I know **that** this salad is delicious.

⑧ I will make a salad **and** I will give it to them.

⑨ I **think that** this salad is delicious.

⑩ **If** I am free tomorrow, I will make a salad.

LESSON 3 主語になるグループ 1

① その**サラダ**はおいしいです。

② そのボールはサラダを**作るのに**必要です。

③ タローはサラダを作ります。

④ **私**はサラダを作ります。

⑤ **私**はそれを作る。

⑥ **私の友人の一人が**サラダを作った。

⑦ 私は**私自身**でサラダを作った。

⑧ **これ**はサラダです。

⑨ **誰か**がサラダを作った。

⑩ **それぞれの**サラダはおいしいです。

名詞／代名詞

① **The salad** is delicious.

② A bowl is needed **to make** the salad.

③ Taro makes a salad.

④ I make a salad.

⑤ I will make it.

⑥ A friend of **mine** made a salad.

⑦ I **myself** made a salad.

⑧ **This** is a salad.

⑨ **Someone** made a salad.

⑩ **Each** of the salads is delicious.

LESSON 4 主語になるグループ 2

① あなたは**何を**作っているのですか。

② **誰が**サラダを作りましたか？

③ あなたはサラダかゼリーの**どちらが**好きですか？

④ サラダ**を作ることは**簡単です。

⑤ サラダ**を作ることは**簡単です。

⑥ 何をするかということが問題です。

⑦ 彼が料理人であるというのは本当です。

⑧ 今日はいい**天気**です。

⑨ 今8時です。

⑩ 今日は**暑い**です。

不定詞（名詞的用法）／動名詞／名詞句／名詞節／Itの特別用法

① **What** are you making?

② **Who** made the salad?

③ **Which** do you like salad or jelly?

④ **To make** a salad is easy.

⑤ **Making a** salad is easy.

⑥ What to do is the problem.

⑦ That he is a cook is true.

⑧ It is fine today.

⑨ It is 8 o'clock now.

⑩ It is hot today.

LESSON 5 動詞グループ 1

① これはサラダです。

② 私はサラダを食べます。

③ 私はサラダを作ります。

④ これはサラダでした。

⑤ 私はサラダを食べました。

⑥ 私はサラダを作りました。

⑦ 私はサラダを作るつもりです。

⑧ 彼女はサラダを作るでしょう。

⑨ 私はサラダを作る予定です。

⑩ このサラダはおいしいでしょう。

be動詞・一般動詞／過去形／未来形

① This **is** a salad.

② I will **have** the salad.

③ I will **make** a salad.

④ This **was** a salad.

⑤ I **had** the salad.

⑥ I **made** a salad.

⑦ I **will** make a salad.

⑧ She **will** make a salad.

⑨ I **am going to** make a salad.

⑩ This salad **will be** delicious.

LESSON 6 動詞グループ 2

① 私はサラダを作っているところです。

② 私はサラダを作っているところでした。

③ 私はサラダを作っているでしょう。

④ 私はサラダを作ることができる。

⑤ 私はサラダを作るかもしれない。

⑥ 私はサラダを作らなければなりません。

⑦ 私はちょうどサラダを作ったところです。

⑧ 私はずっとサラダを作っています。

⑨ 彼はニューヨークに行ってしまいました。

⑩ 私はサラダを作ったことがありません。

進行形／助動詞／現在完了形

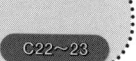

① I **am making** a salad.

② I **was making** a salad.

③ I **will be making** a salad.

④ I **can** make a salad.

⑤ I **may** make a salad.

⑥ I **must** make a salad.

⑦ I **had just made** a salad.

⑧ I **have been making** a salad.

⑨ He **has gone** to New York.

⑩ I **have never made** a salad.

LESSON 7 動詞グループ 3

① そのサラダは私の母によって**作られました**。

② そのサラダは野菜**から作られています**。

③ 母が帰宅した時、私はすでにサラダを**作ってしまっていました**。

④ 私は母に**教えられる**までサラダを**作ったことがありません**。

⑤ その時までずっと私はサラダを**作っていました**。

⑥ 私が帰宅するまでに彼女はサラダを作っていました。

⑦ これがサラダ**であればなあ**。

⑧ **もし**私がサラダを作れば、あなたにあげる**のになあ**。

⑨ **もし**これがトマトだったら、サラダを作る**のになあ**。

⑩ **万が一**私が忙しければ、私はサラダを作りません。

受身形／過去完了形／仮定法

① The salad **was made** by my mother.

② The salad **is made from** vegetables.

③ I **had already made** a salad when my mother came home.

④ I **had never made** a salad until I was told how by my mother.

⑤ I **had made** a salad until that time.

⑥ She **made** a salad before I came home.

⑦ **I wish** this were a salad.

⑧ **If** I made a salad, **I would** give it to you.

⑨ **If** this were a tomato, **I would** make a salad.

⑩ **If** I **should be** busy, I won't make a salad.

LESSON 8 動詞グループ 4

① 私は彼女がサラダを作ったことを**知っています**。

② 私は彼女がサラダを作ってしまっていたことを**知っていました**。

③ 彼は彼女がサラダを作るだろうと**言っています**。

④ 彼は彼女がサラダを作るだろうと**言いました**。

⑤ 私はこのサラダが**おいしいと思います**。

⑥ 私はこのサラダが**おいしいと思いました**。

⑦ 私は彼女がサラダを**作ったと思います**。

⑧ 私は彼女がサラダを**作ったと思いました**。

⑨ 彼女は「私がサラダを作る」と**言っています**。

⑩ 彼女はサラダを作ると**言っています**。

時制の一致／直接話法

発展

① I **know that** she made a salad.

② I **knew that** she had made a salad.

③ He **says that** she will make a salad.

④ He **said that** she would make a salad.

⑤ I **think that** this salad is delicious.

⑥ I **thought that** this salad was delicious.

⑦ I **think that** she has made a salad.

⑧ I **thought that** she had made a salad.

⑨ She **says**,"I will make a salad."

⑩ She **says** that she makes a salad.

LESSON 9 動詞グループ 5

① 彼女は「私がサラダを作る」と言いました。

② 彼女はサラダを作ると言いました。

③ 彼女は私に「私がサラダを作る」と言いました。

④ 彼女は私に彼女がサラダを作ったと言いました。

⑤ 母は私に「あなたはサラダを作る？」と言いました。

⑥ 母は私に私がサラダを作るかどうかたずねました。

⑦ 母は私に「何を作っているの？」と言いました。

⑧ 母は私に何を作っていたかたずねました。

⑨ 机の上にサラダがあります。

⑩ ここに彼女が作ったいくらかのサラダがあります。

間接話法／Be動詞の特殊用法

発展

① She **said**,"**I will make a salad.**"

② She **said** that she **made** a salad.

③ She **said to me**, "**I will make a salad.**"

④ She **told me** that she made a salad.

⑤ Mother said to me, "will you make salad?"

⑥ Mother **asked me if** I made a salad.

⑦ Mother **said** to me, "**What are you making?**"

⑧ Mother asked me what I was making.

⑨ **There is** a salad on the table.

⑩ **Here are** some salads she made.

LESSON 10 補語グループ 1

① 私は**サラダを**作ります。

② 私は**それを**作ります。

③ 私は**彼女を**知っています。

④ 私はサラダを**作ることが**好きです。

⑤ 私はサラダを**作ることが**好きです。

⑥ 私はサラダの**作り方を**知っています。

⑦ 私は**彼女がサラダを作れることを**知っています。

⑧ 私はこれが**何かということを**知っています。

⑨ このサラダは**誰が**作ったのかしら。

⑩ 私は**彼女がどこに住んでいるのか**知っています。

名詞／代名詞／否定詞（名詞的用法）／動名詞／
名詞句／名詞節／間接疑問文

① I will make a **salad**.

② I will make **it**.

③ I know **her**.

④ I like **to make** a salad.

⑤ I like **making** a salad.

⑥ I know **how to make** a salad.

⑦ I know **that she can make a salad**.

⑧ I know **what this is**.

⑨ I wonder **who made this salad**.

⑩ I know **where she lives**.

LESSON 11 補語グループ 2

① これはサラダです。

② これはあなたのものです。

③ これはおいしいです。

④ 彼女の仕事はサラダを作ることです。

⑤ 彼女の仕事はサラダを作ることです。

⑥ 彼はパイロットになりました。

⑦ 彼は若く見えます。

⑧ 彼女はサラダを作り続けていました。

⑨ これは彼女によって作られたサラダです。

⑩ それは彼女がひとりでサラダを作ることができるということです。

名詞／代名詞／形容詞／不定詞／動名詞／
分詞（現在分詞、過去分詞）／名詞節　　F1〜19、F20〜41

① This is **a salad**.

② This is **yours**.

③ This is **delicious**.

④ Her job is **to make salads**.

⑤ Her job is **making a salad**.

⑥ He became **a pilot**.

⑦ He looks **young**.

⑧ She kept **making a salad**.

⑨ This is the salad **made by her**.

⑩ It is **that** she can make a salad by herself.

LESSON 12 肉付けグループ

① 私は**おいしい**サラダを作りました。

② 私は**たくさんの**サラダを作りました。

③ 私は**いくらかの**サラダを作りました。

④ 私は**机の上の**サラダを食べました。

⑤ その**机の上の**サラダはおいしいです。

⑥ 私はサラダを**作るための**時間がない。

⑦ このボールはサラダを**作るための**ものです。

⑧ 私にサラダを**作るための**本を貸してください。

⑨ あなたは向こうで**笑っている**婦人を知ってますか？

⑩ 台所で**サラダを作っている**婦人は私の母です。

形容詞／前置詞／不定詞／分詞（現在分詞）

F20〜43

① I made a **delicious** salad.

② I made **many** salads.

③ I made **some** salads.

④ I had a salad **on the table**.

⑤ The salad **on the table** is delicious.

⑥ I have no time **to make** a salad.

⑦ This bowl is **for making** salad.

⑧ Please lend me the book **to make** a salad.

⑨ Do you know the **laughing** lady over there?

⑩ The lady **making** a salad in the kitchen is my mother.

LESSON 13 形容詞のなかま

① あれは作られた物語です。

② これは**私の母によって作られた**サラダです。

③ 私には**サラダをうまく作れる**友人がいます。

④ 私は**趣味の一つとして**サラダを作ります。

⑤ 私は**タローという名前の**友人がいます。

⑥ このサラダはあれと**同じくらい**大きいです。

⑦ このサラダはあのサラダ**より**大きいです。

⑧ このサラダはすべての中で**最も**大きいです。

⑨ これは**なんと**おいしいサラダ**でしょう**。

⑩ このサラダは**なんと**おいしい**のでしょう**。

形容詞／分詞（過去分詞）／関係代名詞／比較／感嘆文

F20〜43、C27、H36〜39

① It is a made up story.

② This is the salad **made by** my mother.

③ I have a friend **who can make a salad well**.

④ I make a salad **which is one of my hobbies**.

⑤ I have a friend **whose name is Taro**.

⑥ This salad is **as big as** that one.

⑦ This salad is bigger than that one.

⑧ This salad is **the biggest** of all.

⑨ **What** a delicious salad this is!

⑩ **How** delicious this salad is!

LESSON 14 副詞のなかま

① 私は**うまく**サラダを作る。

② このサラダは**大変**おいしいです。

③ 私は**日曜日に**サラダを作ります。

④ 私は**台所で**サラダを作ります。

⑤ **私は暇な時**よくサラダを作ったものです。

⑥ 私は昼食の**前に**サラダを作ります。

⑦ **サラダを作っている時**、電話がありました。

⑧ **母を待っている時**、私はサラダを作っていました。

⑨ 日曜日は私が**サラダを作る日**です。

⑩ これは私が**サラダを作る台所**です。

副詞／前置詞／副詞節／分詞構文

① I make a salad **well**.

② This salad is **very** delicious.

③ I will make a salad **on Sunday**.

④ I will make a salad **in** the kitchen.

⑤ **When I was free**, I would make a salad.

⑥ I will make a salad **before** I have lunch.

⑦ **Making a salad**, I received a phone call.

⑧ **Waiting for my mother**, I made a salad.

⑨ Sunday is the day **when I make a salad**.

⑩ This is the kitchen **where I make a salad**.

PART 4 ポイント別 英会話マスターレッスン28日

① レッスンの構成 & 方法

レッスンの構成

① クイックシートを10ずつの項目に分け、1日1レッスンで28日間でA面をマスターできるよう構成されています。

② 各レッスンは、日常会話基本表現で構成されていますが、とくに重要なレッスン1～10には「日常会話応用表現」を加えました。例文Aでは動詞、例文Bでは名詞を付け加え、基本表現を応用できるよう構成しています。

③ 各レッスンは、英語のしくみ、文型、文法ごとにまとめて学習できるようになっています。各レッスンごとのポイントは次の通りです。

Lesson1~6	I love you.型をvisitで活用
Lesson7~9	This is a pen.型をkindで活用
Lesson10	「～しているところ」「～される」など時制、態
Lesson11~14	「いつ」「どこ」など疑問詞
Lesson15~19	「1時に」「レストランで」など前置詞
Lesson20～22	「今日」「明日」など副詞
Lesson23	「そして、～である」など接続詞、関係代名詞
Lesson24～25	会話のクッション
Lesson26～27	動詞の表現
Lesson28	名詞の表現

レッスンの方法
① クイックシートのどの部分のレッスンなのかを確認する
② CDを聞く
③ 英文を音読する
④ 日本文→英文へ1センテンス5秒以内で言えるまで反復する

※学習効果を上げていただくため、終章「英語の耳・口・頭をつくるヒント」を参照しながらお進みください。

2 「クイックシート」B面の構成＆使い方

　B面は本書「クイック英会話レッスン28日」の例文に使用されている単語436語を、動詞、形容詞、名詞のグループ別に出てくる順に並べています。

(例) クイック英会話レッスン28日に出てくる基本単語

副詞グループ	形容詞グループ	名詞、代名詞グループ
hope（望む） sit（座る） comb（櫛ですく） plan（計画する） clean（掃除する）	young（若い） healty（健康な）	it（それを） picnic（ピクニック） room（部屋） vegetable（野菜） sweater（セーター）

　では、Lesson1の「日常会話応用表現」を使って使い方を説明しましょう。

①動詞にIを付け加え、覚える。(例) I hope. I sit. I plan.

②I hope. She combs it. I plan a picnic.のように、レッスン28日の英文を作ってみる。

③クイックシートの「J（動詞の表現）」に動詞を当てはめて活用してみる。

(例) Please clean. Let's clean. Will you please clean.

　以上が、動詞グループの使い方です。

　では次に、Lesson7の「日常会話応用表現」を見てみます。

①I、You、He、She、Itなどをつけ、形容詞、名詞、代名詞グループを覚える。

(例) I am young. I am a pilot.

②She is young. He is a scientist.などのようにレッスン28日の英文を作ってみる。
③形容詞に名詞をつけ、英文を作ってみる。
（例）It is a healthy vegetable.

　このようにして、単語を組み合わせることで何通りもの英文を作ることができます。また、単語を覚えるときは、日本語から英語へ10の単語を10秒以内に言えることを目標にしてみましょう。

LESSON 1

① 私は友人を**訪問**します。

② 彼女は友人を**訪問**します。

③ 私は友人を**訪問**しました。

④ 私は友人を**訪問**しません。

⑤ 彼女は友人を**訪問**しません。

⑥ 私は友人を**訪問**しませんでした。

⑦ 私は友人を**訪問**することができます。

⑧ 私は友人を**訪問**することができました。

⑨ 私は友人を**訪問**することができません。

⑩ 私は友人を**訪問**することができませんでした。

現在、3人称単数、過去、助動詞

① I **visit** my friend.

② She **visits** her friend.

③ I **visited** my friend.

④ I **don't visit** my friend.

⑤ She **doesn't visit** her friend.

⑥ I **didn't visit** my friend.

⑦ I **can visit** my friend.
　　(I am able to visit my friend.)

⑧ I **could visit** my friend.
　　(I was able to visit my friend.)

⑨ I **can't visit** my friend.

⑩ I **couldn't visit** my friend.

チャレンジしてみよう
～日常会話応用表現～

① A　私はそれを望みます。
　　B　彼は座ります。
② A　彼女はそれを櫛ですきます。
　　B　私達はピクニックを計画しています。
③ A　私はそれをたずねました。
　　B　彼女はその部屋を掃除しました。
④ A　私はそれを借りませんでした。
　　B　彼らは休憩しません。
⑤ A　彼女は泣きません。
　　B　彼は野菜を刻みません。
⑥ A　私はスキーをしませんでした。
　　B　彼は彼女に電話することを忘れませんでした。
⑦ A　私はそれを修理できます。
　　B　彼女はセーターを編むことができます。
⑧ A　私はそれに勝つことができました。
　　B　私達はクリスマスカードを書くことができました。
⑨ A　私はそれを曲げられません。
　　B　彼らはそのハンカチを縫えません。
⑩ A　私はそれを復習することができませんでした。
　　B　私達はその商品を比較できませんでした。

① A I hope.
　 B He sits down.
② A She combs it.
　 B We plan a picnic.
③ A I asked it.
　 B She cleaned the room.
④ A I didn't borrow it.
　 B They don't take a rest.
⑤ A She doesn't weep.
　 B He doesn't chop vegetables.
⑥ A I didn't ski.
　 B He didn't forget to call her.
⑦ A I can fix it.
　 B She can knit a sweater.
⑧ A I could win it.
　 B We could write the Christmas cards.
⑨ A I can't bend it.
　 B They can't sew the handkerchief.
⑩ A I couldn't review it.
　 B We couldn't compare the goods.

LESSON 2

① 私は友人を**訪問する**つもりです。

② 私は友人を**訪問する**つもりではありません。

③ 彼女は友人を**訪問する**ことができるでしょう。

④ 彼女は友人を**訪問する**ことはできないでしょう。

⑤ あなたは友人を**訪問する**べきです。

⑥ あなたは友人を**訪問する**べきではありません。

⑦ 私は友人を**訪問する**かもしれません。

⑧ あなたは友人を**訪問して**もよろしい。

⑨ 私は友人を**訪問しない**かもしれません。

⑩ あなたは友人を**訪問して**はいけません。

助動詞 1

① I **will visit** my friend.
　(I am going to visit my friend.)

② I **will not visit** my friend.
　(I won't visit my friend.)

③ She **will be able to visit** her friend.

④ She **won't be able to visit** her friend.

⑤ You **should visit** your friend.

⑥ You **shouldn't visit** your friend.

⑦ I **may visit** my friend.

⑧ You **may visit** your friend.

⑨ I **may not visit** my friend.

⑩ You **may not visit** your friend.

チャレンジしてみよう
～日常会話応用表現～

① A 私はそれを焼くつもりです。
　 B 彼らはテニスを始めるでしょう。
② A 私はそれを延期するつもりはありません。
　 B 私達はそれを議論するつもりはありません。
③ A 彼女はそれを繕うことができるでしょう。
　 B 彼女はそのクラスを導くことができるでしょう。
④ A 彼女はそのはしごを使うことができないでしょう。
　 B 彼女はスケートすることができないでしょう。
⑤ A あなたはそれを保護すべきです。
　 B 彼は彼女に忠告すべきです。
⑥ A あなたは走るべきではありません。
　 B 彼女は子供達をしかるべきではありません。
⑦ A 私はそれを習うかもしれません。
　 B 私達はテレビを見るかもしれません。
⑧ A あなたはそれを使ってもよろしいです。
　 B 彼は色を選んでもよろしいです。
⑨ A 私は彼にそれについて言わないかもしれません。
　 B 彼女はそれらを断らないかもしれません。
⑩ A あなたはそれを浪費してはいけません。
　 B 彼はそのバットを揺らしてはいけません。

① A I will bake it.
   B They will begin to play tennis.
② A I will not postpone it.
   B We will not argue about it.
③ A She will be able to mend it.
   B She will be able to lead the class.
④ A She won't be able to use the ladder.
   B She won't be able to skate.
⑤ A You should protect it.
   B He should advise her.
⑥ A You shouldn't run.
   B She shouldn't scold the children.
⑦ A I may learn it.
   B We may watch television.
⑧ A You may use it.
   B He may choose the color.
⑨ A I may not tell him about it.
   B She may not refuse them.
⑩ A You may not waste it.
   B He may not swing the bat.

LESSON 3

① 私は友人を**訪問しなければなりません**。

② あなたは友人を**訪問してはいけません**。

③ 私は友人を**訪問しなければなりません**。

④ 彼女は友人を**訪問しなければなりません**。

⑤ 私は友人を**訪問しなければなりませんでした**。

⑥ あなたは友人を**訪問する必要はありません**。

⑦ 彼女は友人を**訪問する必要はありません**。

⑧ あなたは友人を**訪問する必要はありませんでした**。

⑨ 私はよく友人を**訪問したものでした**。

⑩ あなたは友人を**訪問したほうがいいです**。

助動詞2

D16〜25

① I **must visit** my friend.

② You **mustn't visit** your friend.

③ I **have to visit** my friend.

④ She **has to visit** her friend.

⑤ I **had to visit** my friend.

⑥ You **don't have to visit** your friend.

⑦ She **doesn't have to visit** her friend.

⑧ She **didn't have to visit** her friend.

⑨ I **used to visit** my friend.
   (I **would visit** my friend.)

⑩ You **had better visit** your friend.

チャレンジしてみよう
～日常会話応用表現～

① A 私はそれに出席しなければなりません。
　 B 彼はその問題を解決しなければなりません。
② A あなたはそれをあきらめてはいけません。
　 B 彼らはそのようなことを口論してはいけません。
③ A 私は運動しなければなりません。
　 B 私達はその書類を複写しなければなりません。
④ A 彼女はそれをゆでなければなりません。
　 B 彼女はその小包を郵送しなければなりません。
⑤ A 私はそれを終えなければなりませんでした。
　 B 彼は7時まで残らなければなりませんでした。
⑥ A あなたはそれを数える必要はありません。
　 B 彼らはその果物を洗う必要はありません。
⑦ A 彼女はそれを決める必要はありません。
　 B 彼女はそんなに急ぐ必要はありません。
⑧ A あなたはそれを手配する必要はありませんでした。
　 B 彼女は天気を心配する必要はありませんでした。
⑨ A 私はよくそれを討論したものです。
　 B 私たちはよくその歌を歌ったものです。
⑩ A あなたはそれに従ったほうがいいです。
　 B そのスープを飲んだほうがいいです。

① A I must attend it.
　 B He must solve the problem.
② A You mustn't give it up.
　 B They mustn't quarrel about such a thing.
③ A I have to exercise.
　 B We have to copy the papers.
④ A She has to boil it.
　 B She has to mail the parcel.
⑤ A I had to finish it.
　 B He had to remain until 7 o'clock.
⑥ A You don't have to count it.
　 B They don't have to wash the fruit.
⑦ A She doesn't have to decide it.
　 B She doesn't have to hurry so.
⑧ A You didn't have to arrange it.
　 B She didn't have to worry about the weather.
⑨ A I used to discuss it.
　 B We used to sing the song.
⑩ A You had better obey it.
　 B You had better eat the soup.

LESSON 4

① あなたは友人を**訪問**しますか？

② 彼女は友人を**訪問**しますか？

③ あなたは友人を**訪問**しましたか？

④ 私の友人を**訪問**してくれませんか？

⑤ 彼女は友人を**訪問**しないのですか？

⑥ あなたは友人を**訪問**しなかったのですか？

⑦ 私は友人を**訪問**してもいいですか？

⑧ あなたは友人を**訪問**することができますか？

⑨ 私の友人を**訪問**してくれませんか？

⑩ あなたは友人を**訪問**できましたか？

一般動詞の疑問文1

① **Do you visit** your friend?

② **Does she visit** her friend?

③ **Did you visit** your friend?

④ **Can you please visit** my friend?

⑤ **Doesn't she visit** her friend?

⑥ **Didn't you visit** your friend?

⑦ **Can I visit** my friend?

⑧ **Can you visit** your friend?

⑨ **Can you please visit** my friend?

⑩ **Could you visit** your friend?

（注）⑦は口語的

チャレンジしてみよう
～日常会話応用表現～

① A　あなたはそれを楽しみますか？
　　B　彼らはその小説を知っていますか？
② A　彼女はそれを所有しているのですか？
　　B　彼はここに滞在しているのですか？
③ A　あなたは休憩しましたか？
　　B　彼女はお弁当を注文しましたか？
④ A　あなたはそれを準備しないのですか？
　　B　彼らは今日ピアノを練習しないのですか？
⑤ A　彼女はそれを凍らせないのですか？
　　B　そのスケジュールをチェックしないのですか？
⑥ A　あなたはそれに鍵をかけなかったのですか？
　　B　彼らはその参考書を持っていなかったのですか？
⑦ A　私はそれを燃やしてもよろしいですか？
　　B　私達は車を駐車してもよろしいですか？
⑧ A　あなたはそれを運転できますか？
　　B　彼は日本語を話すことができますか？
⑨ A　それを温めてくれませんか？
　　B　そのガイドさんに従ってくれませんか？
⑩ A　あなたはそれを持ち上げることができましたか？
　　B　彼らは彼女を見送ることができましたか？

① A　Do you enjoy it?
　　B　Do they know the novel?
② A　Does she own it?
　　B　Does he stay here?
③ A　Did you take a rest?
　　B　Did she order the lunchbox?
④ A　Don't you prepare for it?
　　B　Don't they practice piano today?
⑤ A　Doesn't she freeze it?
　　B　Doesn't he check the schedule?
⑥ A　Didn't you lock it?
　　B　Didn't they have the reference book?
⑦ A　Can I burn it?
　　B　Can we park the car?
⑧ A　Can you drive it ?
　　B　Can he speak Japanese?
⑨ A　Can you please warm it?
　　B　Can you please follow the guide?
⑩ A　Could you lift it?
　　B　Could they see her off?

(注) ⑦は口語的

LESSON 5

① 私の友人を**訪問**してくださいませんか？

② あなたは友人を**訪問**することができないのですか？

③ 私は私の友人を**訪問**してはいけないのですか？

④ あなたは友人を**訪問**することができませんでしか？

⑤ あなたは友人を**訪問**するつもりですか？

⑥ 私の友人を**訪問**してくれませんか？

⑦ 私の友人を**訪問**してくださいませんか？

⑧ 私達の友人を**訪問**しませんか？

⑨ 私が友人を**訪問**しましょうか？

⑩ 私達は友人を**訪問**しましょうか？

一般動詞の疑問文 2

① **Could you please visit** my friend?

② **Can't you visit** your friend?

③ **Can't I visit** my friend?

④ **Couldn't you visit** your friend?

⑤ **Will you visit** your friend?

⑥ **Will you please visit** my friend?

⑦ **Would you please visit** my friend?

⑧ **Won't you visit** our friend?

⑨ **Shall I visit** our friend?

⑩ **Shall we visit** our friend?

チャレンジしてみよう
～日常会話応用表現～

① A それを探してくださいませんか？
　 B この荷物の重さを測ってくださいませんか？
② A あなたはそれをかむことができなのですか？
　 B 彼女はその魚を料理できないのですか？
③ A 私はそれを折り曲げてはいけないのですか？
　 B 彼らはまだその計画を実行してはいけないのですか？
④ A あなたはそれを避けることができなかったのですか？
　 B 彼らはそのバスに乗ることができなかったのですか？
⑤ A 彼女はそれを揚げるつもりですか？
　 B 彼は彼女と結婚するつもりですか？
⑥ A それに灯をつけてくれませんか？
　 B その机を拭いてくれませんか？
⑦ A それに賛成してくださいませんか？
　 B 私の足を測ってくださいませんか？
⑧ A あなたも参加しませんか？
　 B 馬に乗りませんか？
⑨ A 私がそれを計画しましょうか？
　 B 私が点数を記録しましょうか？
⑩ A 私達がそれを育てましょうか？
　 B 私達がそのイスを動かしましょうか？

① A Could you please look for it?
　 B Could you please weigh this baggage?
② A Can't you bite it?
　 B Can't she cook the fish?
③ A Can't I fold it?
　 B Can't they still carry out the plan?
④ A Couldn't you avoid it?
　 B Couldn't they get on the bus?
⑤ A Will she fry it?
　 B Will he marry her?
⑥ A Will you please light it?
　 B Will you please wipe the desk?
⑦ A Would you please agree to it?
　 B Would you please measure my foot?
⑧ A Won't you join?
　 B Won't you ride the horse?
⑨ A Shall I plan it?
　 B Shall I record the score?
⑩ A Shall we grow it?
　 B Shall we remove the chairs?

TRACK 25

LESSON 6

① 私は友人を訪問するべきですか？

② 私は友人を訪問するべきではないのですか？

③ 私は友人を訪問しなければならないのですか？

④ 私は友人を訪問しなければならないのですか？

⑤ あなたは友人を訪問しなければならないのですか？

⑥ 彼女は友人を訪問しなければならないのですか？

⑦ あなたは友人を訪問しないとならなかったのですか？

⑧ 私は友人を訪問してもよろしいですか？

⑨ 彼女は友人を訪問してもよろしいですか？

⑩ 彼らは友人を訪問してもよろしいですか？

一般動詞の疑問文 3

B15～18

① **Should I visit** my friend?

② **Shouldn't I visit** my friend?

③ **Must I visit** my friend?

④ **Do I have to visit** my friend?

⑤ **Do you have to visit** your friend?

⑥ **Does she have to visit** her friend?

⑦ **Did you have to visit** your friend?

⑧ **May I visit** my friend?

⑨ **May she visit** her friend?

⑩ **May they visit** their friend?

PART 4 ポイント別 英会話マスターレッスン28日

チャレンジしてみよう
～日常会話応用表現～

① A 私はそれを報告するべきですか？
　 B 私たちはここで靴を脱ぐべきですか？
② A 私はそれを混ぜるべきではないのですか？
　 B 彼らは動物にエサを与えるべきではないのですか？
③ A 私はそれを世話しなければならないのですか？
　 B 私達は7時に起きなければならないのですか？
④ A 私はそれを運ばなければならないのですか？
　 B 私達は彼に知らせなければならないのですか？
⑤ A あなたはそれを取り扱わなければならないのですか？
　 B 私達はタクシーを予約しなければならないのですか？
⑥ A 彼女はそれを分けなければならないのですか？
　 B 彼はその意見を承認しなければならないのですか？
⑦ A あなたはそれを待たなければならなかったのですか？
　 B 彼らは床を修繕しなければならなかったのですか？
⑧ A 私は喫煙してもよろしいですか？
　 B 私達はその缶詰を開けてもよろしいですか？
⑨ A 彼女はそれを試みてもよろしいですか？
　 B 彼はその部屋に入ってもよろしいですか？
⑩ A 彼らはそれを提案してもよろしいですか？
　 B 私達は公園で過ごしてもよろしいですか？

① A　Should I report it?
　　B　Should we take off our shoes here?
② A　Shouldn't I mix it?
　　B　Shouldn't they feed it to the animals?
③ A　Must I look after it?
　　B　Must we get up at 7 o'clock?
④ A　Do I have to carry it?
　　B　Do we have to inform him?
⑤ A　Do you have to treat it?
　　B　Do we have to reserve a taxi?
⑥ A　Does she have to divide it?
　　B　Dose he have to accept the opinion?
⑦ A　Did you have to wait for it?
　　B　Did they have to repair the floor?
⑧ A　May I smoke?
　　B　May we open the cans?
⑨ A　May she try it?
　　B　May he enter the room?
⑩ A　May they propose it?
　　B　May we spend the time in the park?

LESSON 7

① 彼女は親切です。

② 私は幸せです。

③ 彼らは親切です。

④ 彼女は親切でした。

⑤ 彼らは親切でした。

⑥ 彼女は親切ではありません。

⑦ 私は親切ではありません。

⑧ 彼らは親切ではありません。

⑨ 彼女は親切ではありませんでした。

⑩ 彼らは親切ではありませんでした。

be動詞

D26〜35

① She **is** kind.

② I **am** happy.

③ They **are** kind.

④ She **was** kind.

⑤ They **were** kind.

⑥ She **isn't** kind.

⑦ I **am not** kind.

⑧ They **aren't** kind.

⑨ She **wasn't** kind.

⑩ They **weren't** kind.

チャレンジしてみよう
～日常会話応用表現～

① A 彼女は若いです。
　 B 彼は科学者です。
② A 私は健康です。
　 B 私はパイロットです。
③ A 彼らは勇敢です。
　 B 私達は旅行者です。
④ A 彼女は幸運でした。
　 B 彼は案内人でした。
⑤ A 彼らは安全でした。
　 B 私達は同級生でした。
⑥ A 彼女は欠席ではありません。
　 B 彼は歌手ではありません。
⑦ A 私は先輩ではありません。
　 B 私は学者ではありません。
⑧ A 彼らは太っていません。
　 B 私たちは親戚ではありません。
⑨ A 彼女は不安ではありませんでした。
　 B 彼は料理人ではありませんでした。
⑩ A 彼らは静かではありませんでした。
　 B 私達はその会員ではありませんでした。

① A She is young.
　 B He is a scientist.
② A I am healthy.
　 B I am a pilot.
③ A They are brave.
　 B We are travelers.
④ A She was lucky.
　 B He was a guide.
⑤ A They were safe.
　 B We were classmates.
⑥ A She isn't absent.
　 B He isn't a singer.
⑦ A I am not senior.
　 B I am not a scholar.
⑧ A They aren't fat.
　 B We aren't relatives.
⑨ A She wasn't uneasy.
　 B He wasn't a cook.
⑩ A They weren't quiet.
　 B We weren't members.

PART 4
英会話ポイント別マスターレッスン28日

LESSON 8

① 彼女は遅れることはありえます。

② 彼女は遅れるはずがありません。

③ 彼女は親切でしょう。

④ 彼女は親切ではないでしょう。

⑤ あなたは親切であるべきです。

⑥ あなたは遅れるべきではありません。

⑦ 彼女は親切かもしれません。

⑧ 彼女は親切でないかもしれません。

⑨ 彼女は親切に違いありません。

⑩ 彼らはずっと親切です。

助動詞を含むbe動詞、現在完了形

D36〜44

① She **can be** late.

② She **can't be** late.

③ She **will be** kind.

④ She **won't be** kind.

⑤ You **should be** kind.

⑥ You **shouldn't be** late.

⑦ She **may be** kind.

⑧ She **may not be** kind.

⑨ She **must be** kind.

⑩ They **have been** kind.

チャレンジしてみよう
～日常会話応用表現～

① A　彼女は優秀でありえます。
　 B　彼は芸術家でありえます。
② A　彼女は病気のはずがない。
　 B　彼は弁護士のはずがない。
③ A　彼女はやさしいでしょう。
　 B　彼は漁師でしょう。
④ A　彼女は悲しくはないでしょう。
　 B　彼は彼女のいとこではないでしょう。
⑤ A　彼女は強くあるべきです。
　 B　彼らは仲間であるべきです。
⑥ A　彼女は弱くあるべきではありません。
　 B　彼は怠惰な学生であるべきではありません。
⑦ A　彼女はすばらしいかもしれません。
　 B　彼は有名な学者かもしれません。
⑧ A　彼女は内気でないかもしれません。
　 B　彼はビジネスマンでないかもしれません。
⑨ A　彼女は正直に違いありません。
　 B　彼らは旅行者に違いありません。
⑩ A　彼らはずっと活動的です。
　 B　彼女はずっとよい生徒です。

① A She can be excellent.
　 B He can be an artist.
② A She can't be sick.
　 B He can't be a lawyer.
③ A She will be tender.
　 B He will be a fisherman.
④ A She won't be sad.
　 B He won't be her cousin.
⑤ A She should be strong.
　 B They should be companions.
⑥ A She shouldn't be weak.
　 B He shouldn't be a lazy student.
⑦ A She may be wonderful.
　 B He may be a famous scholar.
⑧ A She may not be shy.
　 B He may not be a businessman.
⑨ A She must be honest.
　 B They must be travelers.
⑩ A They have been active.
　 B She has been a good pupil.

（注）I think（私は思う）を補って考えるとわかりやすい。

LESSON 9

① 彼女は親切ですか？

② 彼らは親切ですか？

③ 彼女は親切でしたか？

④ 彼らは親切でしたか？

⑤ 彼女は親切ではないのですか？

⑥ 彼らは親切ではないのですか？

⑦ 彼女は親切ではなかったのですか？

⑧ 彼らは親切ではなかったのですか？

⑨ 彼らはずっと親切ですか？

⑩ 彼女はずっと親切ですか？

be動詞、現在完了形の疑問文

B19〜29

① **Is** she kind?

② **Are** they kind?

③ **Was** she kind?

④ **Were** they kind?

⑤ **Isn't** she kind?

⑥ **Aren't** they kind?

⑦ **Wasn't** she kind?

⑧ **Weren't** they kind?

⑨ **Have** they **been** kind?

⑩ **Has** she **been** kind?

TRACK 32

チャレンジしてみよう
～日常会話応用表現～

① A 彼女は繊細ですか？
　 B 彼は作曲家ですか？
② A 彼らは用意できていますか？
　 B あなたは店員さんですか？
③ A 彼女は不注意でしたか？
　 B 彼は車掌でしたか？
④ A 彼らは道に迷ったのですか？
　 B あなた方は兵士だったのですか？
⑤ A 彼女は陽気ではないのですか？
　 B 彼は郵便配達人ではないのですか？
⑥ A 彼らは間違っていないのですか？
　 B あなた方は乗客ではないのですか？
⑦ A 彼女は出席ではなかったのですか？
　 B 彼は上司ではなかったのですか？
⑧ A 彼らは年上ではなかったのですか？
　 B あなたの友人達は技術者ではなかったのですか？
⑨ A 彼らはずっと助けになっていますか？
　 B 彼らはずっと勤勉な男子生徒でしたか？
⑩ A 彼女はずっと若々しいですか？
　 B 彼はずっと市長なんですか？

① A　Is she sensitive?
　 B　Is he a composer?
② A　Are they ready?
　 B　Are you clerks?
③ A　Was she careless?
　 B　Was he a conductor?
④ A　Were they lost?
　 B　Were you soldiers?
⑤ A　Isn't she cheerful?
　 B　Isn't he a mailman?
⑥ A　Aren't they wrong?
　 B　Aren't you passengers?
⑦ A　Wasn't she present?
　 B　Wasn't he the boss?
⑧ A　Weren't they older?
　 B　Weren't your friends technicians?
⑨ A　Have they been helpful?
　 B　Have they been diligent schoolboys?
⑩ A　Has she been youthful?
　 B　Has he been mayor?

LESSON 10

① 彼女は友人を訪問しているところです。

② 彼女は友人を訪問していました。

③ 彼女は友人を訪問していることでしょう。

④ 私はずっと友人を訪問しています。

⑤ 彼女はずっと友人を訪問しています。

⑥ 私は友人を訪問したところです。

⑦ 彼女は友人を訪問したところです。

⑧ 私は友人を訪問してしまっていました。

⑨ 彼女は友人に歓迎されます。

⑩ 彼女は友人に歓迎されました。

時制（進行形／現在完了形／受身形／過去完了形）

① She **is visiting** her friend.

② She **was visiting** her friend.

③ She **will be visiting** her friend.

④ I **have been visiting** my friend.

⑤ She **has been visiting** her friend.

⑥ I **have visited** my friend.

⑦ She **has visited** her friend.

⑧ I **had visited** my friend.

⑨ She **is welcomed** by her friend.

⑩ She **was welcomed** by her friend.

チャレンジしてみよう
～日常会話応用表現～

① A 彼女はそれを飾っているところです。
　 B 私達はその音楽を聞いているところです。
② A 彼女はそれを描いているところです。
　 B 彼女は散歩していました。
③ A 彼女はそれを修理していることでしょう。
　 B 彼らはそこを横切っていることでしょう。
④ A 私はずっとそれを包んでいます。
　 B 私達はずっとその仕事に従事しています。
⑤ A 彼女はずっとそれを待っています。
　 B 彼女はずっとそのホテルに滞在しています。
⑥ A 私はそれを受け取ったとこです。
　 B 私達はトラベラーズチェックを換金したところです。
⑦ A 彼女はそれを切ったところです。
　 B 彼は映画を見に行ったところです。
⑧ A 私はそれを加えてしまっていました。
　 B 彼らはその商品を売ってしまっていました。
⑨ A 彼女は友人に信頼されています。
　 B 彼は彼女に信頼されています。
⑩ A 彼女は友人にそれによって賞賛されました。
　 B それは彼によって建てられました。

① A She is decorating it.
　 B We are listening to the music.
② A She was painting it.
　 B She was taking a walk.
③ A She will be fixing it.
　 B They will be crossing there.
④ A I have been wrapping it up.
　 B We have been engaging in the work.
⑤ A She has been waiting for it.
　 B He has been staying at the hotel.
⑥ A I have received it.
　 B We have just cashed the travelers check.
⑦ A She has just cut it.
　 B He has gone to see the movie.
⑧ A I had added it.
　 B They had sold the goods.
⑨ A She is trusted by her friend.
　 B He is believed by her.
⑩ A She was praised for it by her friend.
　 B It was built by him.

PART 4 ポイント別 英会話マスターレッスン28日

LESSON 11

① あなたは**いつ**目覚めたのですか？

② あなたは**どこで**そのアクセサリーを見つけたのですか？

③ あなたは**なぜ彼女に同意**したのですか？

④ 彼は**どのようにして**その魚をつかまえたのですか？

⑤ あなたは昨日**何を**植えたのですか？

⑥ あなたはコーヒーか紅茶の**どちらが**好きですか？

⑦ **誰が**その書類に署名したのですか？

⑧ この鍵は**誰の**ですか？

⑨ あなたは**誰の**本を探していたのですか？

⑩ あなた方は**何の**本を展示するつもりですか？

疑問詞 1

A1〜10

① **When** did you wake up?

② **Where** did you find the accessory?

③ **Why** did you agree with her?

④ **How** did he catch the fish?

⑤ **What** did you plant yesterday?

⑥ **Which** do you like coffee or tea?

⑦ **Who** signed the papers?

⑧ **Whose** is this key?

⑨ **Whose** book did you search for?

⑩ **What** book will you display?

LESSON 12

① その列車は**何時に**出発するのですか？

② あなたは**何曜日に**日本に戻るのですか？

③ あなたは**どのサイズの**セーターを着ていますか？

④ **どのレストラン**で夕食を食べましょうか？

⑤ **どの方向**が駅への道ですか？

⑥ **どのバス**がディズニーランドへ行きますか？

⑦ あなたは**どのホテル**に滞在したいですか？

⑧ あなたのいとこは**どこの学校**へ行っていますか？

⑨ あなたの友人は**どこの会社**に勤めていますか？

⑩ あなたのおじさんは**何歳**ですか？

疑問詞 2

A11〜20

① **What time** does the train leave?

② **What day** will you come back to Japan?

③ **What size** sweater do you wear?

④ **Which restaurant** shall we have dinner in?

⑤ **Which way** goes to the station?

⑥ **Which bus** goes to Disneyland?

⑦ **Which hotel** would you like to stay at?

⑧ **Which school** does your cousin go to?

⑨ **Which company** does your friend work for?

⑩ **How old** is your uncle?

LESSON 13

① あなたは**どのくらい**切手を収集していますか？

② あなたの俳優は**どのくらいの**背の高さですか？

③ ここから郵便局まで**どのくらいの**距離ですか？

④ あの山は**どのくらいの**高さですか？

⑤ この部屋は**どのくらいの**広さですか？

⑥ あなたは**いつ頃までに**質問に答える必要がありますか？

⑦ あなたは１年に**何回くらい**海を見ますか？

⑧ あなたは**いくら**銀行で両替するつもりですか？

⑨ **どのくらいの**砂糖をそのケーキに加えますか？

⑩ 彼らは**どのくらい**ビールを輸入しますか？

疑問詞 3

① **How long** have you been collecting stamps?

② **How tall** is that actor?

③ **How far** is it from here to the post office?

④ **How high** is that mountain?

⑤ **How wide** is this room?

⑥ **How soon** do you have to answer the question?

⑦ **How often** do you visit the sea in a year?

⑧ **How much money** will you change at the bank?

⑨ **How much sugar** do you add to the cake?

⑩ **How much beer** do they import?

LESSON 14

① あなたは**何回**その単語を繰り返しましたか？

② 近くの市場まで**何分**かかりますか？

③ あなたは**何時間**歩き続けたのですか？

④ あなたは**何日間**ピアノを練習しましたか？

⑤ あなたは**何週間**ケアンズに滞在しましたか？

⑥ あなたは**何カ月**ロサンゼルスに滞在しましたか？

⑦ あなたは**何年**そのクラブに所属していましたか？

⑧ あなたは**何人**を車に乗せるつもりですか？

⑨ あなたは**何泊**そのホテルに泊まるつもりですか？

⑩ あなたはそのとき**何冊**の本を郵送しましたか？

疑問詞 4

① **How many times** did you repeat the words?

② **How many minutes** does it take to get to the nearby market?

③ **How many hours** did you continue walking?

④ **How many days** did you practice the piano?

⑤ **How many weeks** did you stay in Cairns?

⑥ **How many months** did you live in Los Angeles?

⑦ **How many years** did you belong to the club?

⑧ **How many people** will you pick up?

⑨ **How many nights** are you going to stay at the hotel?

⑩ **How many books** did you mail then?

LESSON 15

① 私は1時にオフィスへ出発します。

② 私は**レストランで**昼食を食べました。

③ 私は1時頃東京へ飛行機で行きます。

④ **あなたのまわりを**見渡しなさい。

⑤ 私は1時までにそれらの請求書を計算しなければなりません。

⑥ 私は**バスで**その町を観光するつもりです。

⑦ 私は**入り口のそばで**あなたを待っていました。

⑧ 私は1時まで家にいます。

⑨ 私は**日曜日に**休みます。

⑩ **テーブルの**ローソクを消しなさい。

前置詞 1

G1〜5

① I will leave for the office **at 1 o'clock**.

② I had lunch **at the restaurant**.

③ I will fly to Tokyo **around 1 o'clock**.

④ Look **around you**.

⑤ I have to calculate the bills **by 1 o'clock**.

⑥ I will tour the town **by bus**.

⑦ I was waiting for you **by the entrance**.

⑧ I will be at home **untill 1 o'clock**.

⑨ I will have a rest **on Sunday**.

⑩ Blow out the candles **on the table**.

LESSON 16

① 私は3月に高校を卒業します。

② 私は**軽井沢で**テニスをしました。

③ 私は東京で**2日間**それについて考えるつもりです。

④ 私は**家族のために**クッキーを焼きました。

⑤ 私達は**夏休み中に**キャンプをするつもりです。

⑥ **1週間以内に**花が咲くでしょう。

⑦ 私達は**クリスマス前に**それを許可します。

⑧ 私達は**昼食のあとで**その計画を判断します。

⑨ 私達は**電車から**さよならと手を振りました。

⑩ 私は**5時から6時まで**コンピューターゲームをします。

前置詞 2

① I will graduate from high school **in March**.

② I played tennis **in Karuizawa**.

③ I will think about it **for 2 days** in Tokyo.

④ I baked cookies **for my family**.

⑤ We will go camping **during the summer vacation**.

⑥ It will blossom **within a week**.

⑦ We will allow it **before Christmas**.

⑧ We will judge the project **after lunch**.

⑨ We waved goodbye **from the train**.

⑩ I will play the computer game **from 5 to 6**.

LESSON 17

① 私は1時10分前に医師を呼びにやりました。

② 私は**友人に**それをプレゼントしました。

③ 私は来年**オーストラリアへ**行く計画をしています。

④ 私は**1時10分過ぎに**それを終えました。

⑤ 私は**先週以来**ずっと風邪をひいています。

⑥ 三つの橋がその**川の上に**かかっています。

⑦ あなたの手荷物は**座席の下に**置いたほうがいいです。

⑧ 鳥が**木の上を**飛んでいます。

⑨ ボートは**橋の下を**進んでいます。

⑩ その子供は**カーテンの後ろに**隠れていました。

前置詞 3

G13〜20

① I sent for the doctor **at 10 minutes to 1**.

② I presented it **to my friend**.

③ I plan to go **to Australia** next year.

④ I finished it **at 10 minutes past 1**.

⑤ I have had a cold **since last week**.

⑥ Three bridges cross **over the river**.

⑦ You should lay your baggage **under the seat**.

⑧ Some birds are flying **above the trees**.

⑨ A boat is going **below a bridge**.

⑩ The child was hiding **behind the curtain**.

PART 4 ポイント別 英会話マスターレッスン28日

LESSON 18

① 私たちのホテルはあの丘の向こうです。

② 私はあのドアーの前で靴を脱いでください。

③ 私は1時と3時の間に雑誌を片付けます。

④ あの映画は若者の間で人気があります。

⑤ 私は門の近くでカサを折りたたみます。

⑥ 私は美術館方面に運転していました。

⑦ 次に大きな通りを横切ってください。

⑧ 公園を通り抜ければ、水族館が見つかるでしょう。

⑨ 私は友人を通して彼を知りました。

⑩ 彼女は事務所へ入って行きました。

前置詞 4

① Our hotel is **beyond that hill**.

② Please take off you shoes **in front of the door**.

③ I will put the magazines away **between 1 and 3 o'clock**.

④ That movie is popular **among young people**.

⑤ I'll fold the umbrella **near the gate**.

⑥ I was driving **toward the art gallery**.

⑦ Please go **across the big street next**.

⑧ **Go through the park**, and you'll find the aquarium.

⑨ I came to know him **through a friend** of mine.

⑩ She went **into the office**.

LESSON 19

① 彼女は事務所から出て行きました。

② 私は毎朝公園の回りをジョギングしています。

③ 私と一緒にダイビングをしませんか？

④ 彼はおはしで食べるのが上手です。

⑤ 彼女は辞書なしで英語を訳すことができます。

⑥ あなたは自分自身の国についてもっと知るべきです。

⑦ 私の両親は仲人として彼らの披露宴に出席しました。

⑧ あの雲はケーキのように見えます。

⑨ ショーウインドーにもたれかからないでください。

⑩ そのバスは交通量が多いため遅れています。

前置詞 5

① She went **out of** the office.

② I jog **round the park** every morning.

③ Won't you dive **with me**?

④ He is good at eating **with chopsticks**.

⑤ She can translate English newspapers **without a dictionary**.

⑥ You should know more **about your own country**.

⑦ My parents attended their wedding banquet **as go-betweens**.

⑧ The cloud looks **like a cake**.

⑨ Don't lean **against the show window**.

⑩ The bus is late **because of heavy traffic**.

LESSON 20

① 私は**今日**友人を訪問するつもりです。

② 私は**明日**友人を訪問するつもりです。

③ 私は**昨日**友人を訪問しました。

④ 私は**来週**友人を訪問するつもりです。

⑤ 私は**先週**友人を訪問しました。

⑥ 私は**今夜**友人を訪問するつもりです。

⑦ 私は**今**友人を訪問しているところです。

⑧ 私は**あとで**友人を訪問します。

⑨ 私は**その時**友人を訪問します。

⑩ 私は**間もなく**友人を訪問します。

副詞 1

① I will visit my friend **today**.

② I will visit my friend **tomorrow**.

③ I visited my friend **yesterday**.

④ I will visit my friend **next week**.

⑤ I visited my friend **last week**.

⑥ I will visit my friend **tonight**.

⑦ I am visiting my friend **now**.

⑧ I will visit my friend **later**.

⑨ I will visit my friend **then**.

⑩ I will visit my friend **soon**.

LESSON 21

① 私は2日前に友人を訪問しました。

② どうぞいつでも私達を訪問してください。

③ 私は最近友人を訪問していません。

④ 私は一昨日ここを訪問しました。

⑤ 私はそこを訪問します。

⑥ 彼はテニスが上手です。

⑦ 彼は熱心にテニスをしました。

⑧ あなたはその本を急いで読むべきではありません。

⑨ 私はその本をゆっくり読むつもりです。

⑩ あなたはその本を注意深く読むべきです。

副詞 2

① I visited my friend **2 days ago**.

② Please visit us **anytime**.

③ I haven't visited my friend **lately**.

④ I visited here **the day before** yesterday.

⑤ I will visit **there** the day after tomorrow.

⑥ He plays tennis **well**.

⑦ He played tennis **hard**.

⑧ You shouldn't read that book so **quickly**.

⑨ I will read the book **slowly**.

⑩ You should read the book **carefully**.

LESSON 22

① 私は**普段**そこでテニスをします。

② 私は**時々**テニスをします。

③ 私は**再び**テニスをします。

④ 私は**とにかく**その本を読みます。

⑤ 私はその本が**とても**好きです。

⑥ 私はその本を**少し**読みます。

⑦ 私も**また**テニスをします。

⑧ 私は**十分に**テニスをしました。

⑨ 私は**たぶん**テニスをします。

⑩ この本は**確かに**いいです。

副詞3

① I **usually** play tennis there.

② I **sometimes** play tennis.

③ I will play tennis **again**.

④ I will read the book **anyway**.

⑤ I like that book **very much**.

⑥ I read the book **a little**.

⑦ I play tennis, **too**.

⑧ I played tennis **enough**.

⑨ I will **probably** play tennis.

⑩ This book is **certainly** good.

LESSON 23

① 妹と私は昨日、友人を訪問しました。

② 私は来週の日曜日か土曜日に友人を訪問します。

③ 私は昨日友人を訪問しました。**しかし**彼はまだ帰宅していませんでした。

④ **もし明日ご在宅ならば**、訪問してもいいですか？

⑤ 私は家にいました。**なぜなら**彼が私を訪ねて来る予定だからです。

⑥ 私は**その本を持っている**友人を訪問します。

⑦ 私は**その本を借りた**友人を訪問します。

⑧ 私は**友人から借りた**その本を読みました。

⑨ 私は**書名が『クイック英会話』という**本を読むつもりです。

⑩ 私は**友人から借りた**その本を読みました。

接続詞／関係代名詞

① My sister **and** I visited our friend yesterday.

② I will visit my friend next Saturday **or** Sunday.

③ I visited my friend yesterday, **but** he still hasn't come back.

④ **If** you will be at home tomorrow, may I visit?

⑤ I stayed at home **because** he will visit me.

⑥ I'll visit my friend **who has the book**.

⑦ I'll visit my friend from **whom I borrowed the book**.

⑧ I read the book **which I borrowed from my friend**.

⑨ I'll read the book **whose title is "Quick Eikaiwa"**.

⑩ I read the book **that I borrowed from my friend**.

LESSON 24

① 私は彼女は親切だと**思います**。

② 私は彼女は親切だと**思いません**。

③ **きっと**彼女は親切でしょう。

④ 私は彼女が親切だと**信じています**。

⑤ 私は彼女が親切だと**知っています**。

⑥ 彼女は親切**かしら**。

⑦ 私は彼女は親切ではないのではと**心配しています**。

⑧ 私は彼女が親切だと**推測します**。

⑨ **たぶん**彼女は親切です。

⑩ 私は彼女は親切であることを**望んでいます**。

会話のクッション1

① I **think** she is kind.

② I **don't think** she is kind.

③ I **am sure** she is kind.

④ I **believe** she is kind.

⑤ I **know** she is kind.

⑥ I **wonder** if she is kind.

⑦ I **am afraid** that she isn't kind.

⑧ I **guess** she is kind.

⑨ **Maybe** she is kind.

⑩ I **hope** she will be kind.

LESSON 25

① 彼女は親切だそうです。

② 天気予報によれば台風が日本に近づいているようです。

③ つまり、彼女は親切です。

④ もしできれば、その時私に電話くださいませんか？

⑤ もしよろしければどうぞパーティに来てください。

⑥ まあ、えーっと、行けると思います。

⑦ ねえ、そのニュースを知っていますか？

⑧ それじゃ、3時頃にうかがいます。

⑨ ところで、あなたの友人はお元気ですか？

⑩ 実は、彼女は親切で正直でした。

会話のクッション2

① **I hear** she is kind.

② **According to** the weather report, a typhoon is coming to Japan.

③ **I mean** she is kind.

④ **If possible**, could you call me then?

⑤ Please come to the party, **if you would like to**.

⑥ **Well, let me see**, I think, I can come.

⑦ **Listen!** Did you hear the news?

⑧ **Then**, I'll visit you around 3 o'clock.

⑨ **By the way**, how is your friend?

⑩ **In fact**, she was kind and honest.

LESSON 26

① 友人を訪問してください。

② 友人を訪問しないでください。

③ 私に友人を訪問させてください。

④ 友人を訪問しましょう。

⑤ 私は友人を訪問したい。

⑥ 私はあなたに彼女を訪問してもらいたいです。

⑦ 友人を訪問なさりたいですか？

⑧ 彼女を訪問してくれませんか？

⑨ 彼女を訪問してくださいませんか？

⑩ 彼女を訪問してもよろしいですか？

動詞の表現1

J1〜12

① **Please** visit your friend.

② **Please, don't** visit your friend.

③ **Please let me** visit my friend.

④ **Let's visit** our friend.

⑤ **I would like to** visit my friend.

⑥ **I would like you to** visit her.

⑦ **Would you like to** visit your friend?

⑧ **Will you** please visit her?
（**Can you** please visit her?）

⑨ **Would you** please visit her?
（**Could you** please visit her?）

⑩ **May I** visit her?
（**Can I** visit her?）

LESSON 27

① 私が彼を訪問しましょうか？

② 私達が彼を訪問しましょうか？

③ 彼女を訪問しませんか？

④ 私は彼女を訪問する予定です。

⑤ あなたは彼女を訪問する予定ですか？

⑥ 私は友人を訪問したい。

⑦ 私は泳ぎに行くつもりです。

⑧ 私はお酒を飲むのをやめました。

⑨ 私はジョギングを楽しみました。

⑩ 私はクッキーを焼くことが好きです。

動詞の表現2

① **Shall I** visit him?

② **Shall we** visit him?

③ **Won't you** visit her?
(**Why don't** you visit her?)

④ **I am going to** visit her.

⑤ **Are you going to** visit her.

⑥ **I want to** visit my friend.

⑦ **I will go** swimming.

⑧ **I stopped** drinking.

⑨ **I enjoyed** jogging.

⑩ **I like** baking cookies.

PART 4 ポイント別英会話マスターレッスン28日

LESSON 28

① コーヒーをいただけませんか？

② ボールペンを貸していただけませんか？

③ お名前をおたずねしてもよろしいですか？

④ 地元のビールはありますか？

⑤ この近くに郵便局はありますか？

⑥ これを見せてください。

⑦ 駅への道を教えてくださいませんか？

⑧ この階のトイレはどこですか？

⑨ あなたはこの色をどう思いますか？

⑩ 昼食はいかがですか？

名詞の表現

① **May I have** a cup of coffee?

② **May I use** the ball-point pen?

③ **May I ask** your name?

④ **Do you have** local beer?

⑤ **Is there** a post office around here?

⑥ **Please show me** this one?

⑦ **Can you tell me** the way to the station?

⑧ **Where is** the restroom on this floor?

⑨ **What do you think of** this color?

⑩ **How about** lunch?

PART 5 こんなに話せる「クイックシート」実践20

　本章では、自然な会話を20のダイアログを通して、単語さえ増やせば、「クイックシート」で日常会話のさまざまな表現ができるということを実感していただけます。

　学習の前に、終章の「スピーキングのポイント」と「リスニングのポイント」に目を通し、それらのポイントが会話の中でどのように使われているのかを学びながら進めてください。学習方法は各自の目標、目的により異なりますが、初心者の方を想定したレッスンの進め方の一例を示しておきますので参考にしてください。

レッスンの順序＆方法
① レッスンのポイントをクイックシートの中で確認してください。
② Dialogueの英文とクイックシートを比較し、どのような組み合わせで英文が作られているのか確認してください。

スピーキング強化レッスン
③ 日本文だけを見て、英作します。時間がかかっても口頭で正確に言えるようにします。
④ 英文を音読します。スピーキングのポイント、リスニングのポイントを意識してください。

リスニング強化レッスン
⑤ 英文のそれぞれのセンテンスをCDで確認します。リズム、イントネーション、音のつながりなどに注意してリピートできることを目標にしてください。

Dialogue 1

できる
can
be able to

A: My uncle bought a jeep a month ago. I **can** borrow it, so let's go somewhere next Sunday.
B: **Are you able to** drive a jeep?
A: Sure, **I'm able to** drive a jeep and even a truck. I'm a good driver.
B: I **can't** believe that!
A: I will show you how good I am at driving tomorrow.

A: うちのおじさんが、1カ月前にジープを買ったんだ。次の日曜日に借りることが**できる**から、どこかへ行こうよ。
B: あなた、ジープなんて運転**できるの**。
A: もちろんジープだって、トラックだって**できる**さ。運転は、得意なんだ。
B: 信じ**られない**わ。
A: 明日、ぼくの腕を見せてあげるよ。

―― 使ってみよう ――

you **can** catch the bus across the street.
(その通りの向こうでバスに乗れますよ)
The boy **could** read Spanish at the age of ten.
(その少年は10歳でスペイン語が読めた)

Dialogue 2

～するつもり
will
be going to

A: Are you busy today?
B: No, I'm not, Why?
A: A friend of mine is holding a private exhibition of his wood-block prints. **I'm going to** see it this evening.
B: Really? Please take me with you.
A: I thought that you want to go. Then, **I'll** call you before I go out.

A: 今日はあなた忙しい？
B: ううん、別に。どうして？
A: 友達が木版画の個展をやっているの。夕方に見に行くつもりだけど。
B: 本当、ぜひ私も連れて行って。
A: そう言うと思ったわ。じゃあ、でかける前に電話するわ。

使ってみよう

I **will** be done in a day.
(それは一日でできるでしょう)
It **won't** take long.
(長くはかかりません)

Dialogue 3

～できるでしょう／～できないと思う
will
won't be able to

A: I have a spare ticket for the concert. **Will** you come with me next Friday night?
B: Oh, do you? I'm really sorry, but I **won't be able to** come. We are having an exhibition of our new products on Sunday. We're so busy preparing that I won't be able to leave the office at 5.
A: I see. It can't be helped. I'll ask someone else.
B: Ask me next time, please.

A: コンサートの券が1枚あるんだけど、金曜の晩一緒に行かない？
B: 本当？でもとても残念だけど行けないと思うわ。土曜日から新製品展示会が始まるの。その準備で今大忙しでしょ。とても5時には終われないと思うわ。
A: じゃあ仕方ないわね。ほかを当たってみるわ。
B: また誘ってね。

使ってみよう

I **will be able to** see you one of these days.
（近いうちにお目にかかれるでしょう）
I **won't be able to** come tonight.
（今夜はお伺いできません）

Dialogue 4

よく〜したものだ
used to(=would)

A: Grandpa, what's this?
B: It's a candlestick. We **would** use them when I was young.
A: Oh, what did you use them for?
B: We **used to** have blackouts quite often, so we used candles instead of electric lights.
A: Well, it was inconvenient in those days.

A: おじいちゃん、これなあに？
B: これはローソク立てだよ。昔よく使ったんだ。
A: へえ、何に使ったの？
B: 昔はよく停電したからね。電灯のかわりに使ったんだ。
A: ふーん。不便だったんだね。

使ってみよう

She **used to** smoke but she quit it two years ago.
(彼女はたばこをすっていたが2年前にやめた)
We **would** play for hours on the beach.
(私はよくその海岸で何時間も遊んだものだ)

Dialogue 5

しなければならない
must / had to

A: I'm sorry to be late. I **had to** take the dog for a walk.
B: Oh, do you have a dog?
A: No. It's my neighbor's. He asked me to take care of it while he is away on a trip.
B: Is that right? You're so kind that you couldn't refuse, could you?
A: Well, it's a bit hard as I **must** take it for a walk every day, but the dog is cute.

A: 遅れてごめん、犬を散歩させ**なきゃならなかった**んだ
B: あら、犬を飼っていたの？
A: いいえ、お隣の犬なんだけど旅行中の世話を頼まれていてね。
B: そうだったの。あなた親切だから断れなかったんでしょ。
A: まあね。毎日散歩に連れ**いかなくちゃならない**からちょっと大変だけど、犬がかわいいから。

> 使ってみよう

I **must** be on my way.
（失礼しなければなりません）
We **had to** discuss this matter sometime.
（この件について、いつか話し合わなければなりません）

Dialogue 6

してはいけません／する必要はありません
mustn't
don't have to

A: It's already half past seven. Shouldn't we wake up Ken?

B: He **doesn't have to** go to college today.

A: I see.

B: The experiment dragged on yesterday and he came home about 1 o'clock in the morning. You **mustn't** wake him up.

A: Considering how soundly he is sleeping, even if I try to wake him up, I won't be able to.

A: もう7時半だけどケンを起こさなくていいの？

B: 今日は学校へ行かなくていいのよ。

A: そう。

B: ゆうべ実験が長引いて帰ってきたのが1時ころだったのよ。起こしちゃだめよ。

A: その調子じゃ起こしたって起きないさ。

使ってみよう

You **mustn't** tell him about it.
(そのことについて彼に言ってはいけません)
You **mustn't** tell a lie.
(うそをついてはいけません)

Dialogue 7

今、〜しているところです
is, am, are + ~ing

D22〜24

A: What **is** Masako **doing**? It's already 8 o'clock.
B: She**'s taking** a shower. She'll come soon.
A: What a luxury, taking a shower in the morning.
B: Don't you know anything? It's very popular now among women office workers and students.
A: Oh, is that right? When I was young, it was thought to be a sign of prosperity to take a bath in the morning.

A: 雅子は何しているんだい？　もう8時だよ。
B: シャワーを浴びているのよ。すぐ来るでしょう。
A: 朝からシャワーか。優雅なもんだ。
B: 何言ってるんですか。女子高生やOLの間でははやっているのよ。
A: ほう。わしらの若い頃なら、朝風呂なんか金持ちのすることと思っていたけどな。

使ってみよう

It's **getting** rather late.
(遅くなってきました)
I'm **calling** you for the renewal of my visa.
(ビザ更新の件でお電話しているのですが)

Dialogue 8

〜していました
was, were+~ing

A: I took my kids to an amusement park yesterday, because they pestered me to take them there. It was terribly crowded and I was exhausted.
B: Really? We **were soaking** up some nature in the woods at that time.

*****

A: I bought an air conditioner a week ago, but something is wrong.
B: What's wrong?
A: It **was working** well yesterday, but it was only working on and off this morning...

A: 昨日、子どもにせがまれて遊園地に行ったけれど、すごい人で疲れてしまったわ。
B: そう、私たちは自然公園で森林浴をしていたわ。

*****

A: 一週間前、お宅でエアコンを買ったのですが調子がおかしいのです。
B: どのようにおかしいのですか？
A: 昨日は調子よく動いていたのですが、今日は朝から何度も止まってしまって。

Dialogue 9

(今まで) ずっと～している
have, has been+~ing

A: Masako said that she has finally made up her mind to go to America.
B: Really? She **has been longing** to go and **is saving** money.
A: I hear that some American colleges have established branch schools in Japan.
B: That's true.But even if you go to an American college, you would use Japansese in your everyday life in Japan.

A: 雅子、とうとうアメリカへ留学することにしたんですって。
B: そう。彼女ずっと留学したがっていたし、そのためにずいぶんお金も貯めてたからな。
A: でも最近、アメリカの大学の分校が日本にできているでしょう。
B: でも、アメリカの大学といっても日本じゃ生活は日本語だものな。

使ってみよう

I **have been feeling** blue since yesterday.
(昨日から気分がすぐれない)
I **have been listening** to music since 3 o'clock.
(3時からずっと音楽を聞いている)

Dialogue 10

～してくれませんか／～してくださいませんか
Will you / Would you please...?

A: **Would you** help me with my homework?
B: Sure. What do you want me to do?

* * * * *

A: **Will you** do me a favor, Chris?
B: What is it?
A: **Would you please** take me downtown in your car?

A: 宿題を手伝ってもらえませんか？
B: もちろん。何かしら？

* * * * *

A: クリス、お願いがあるんだけど。
B: 何？
A: 悪いけどダウンタウンまで乗せて行ってもらえない？

使ってみよう

Would you tell me what to do?
(どうすればいいか教えてください)
Would you please trade seats with me?
(席を替わっていただけませんか)

Dialogue 11

～しませんか
Won't you...?
Why don't you...?

A: Have you already finished the report on the history of English literature?
B: Not yet. I can't find good materials.
A: Neither can I. **Won't you** come to the library with me tomorrow to look for some materials?
B: Yes. **Why don't you** ask Kyoko to come with us? She seems to use the library quite often. She may know some good materials.

A: 英文学史のレポートもうできた？
B: ううん、全然。いい資料が見つからなくて。
A: 僕もなんだ。明日図書館で一緒に探さ**ない**？
B: そうね、じゃあ京子も誘っ**てみたら**？ 彼女よく図書館を利用するみたいだから何かいい資料を知っているかもよ。

使ってみよう

Won't you go shopping with me after this?
（このあと一緒に買い物に行きませんか？）
Why don't you get under my umbrella?
（私の傘に入ったらどうですか？）

Dialogue 12

～であるべき／～でないほうがいい
should be
shouldn't be

B: I have an appointment to see a friend, but I'm afraid I won't be in time.
A: Then, you **should be** punctual. Hurry up!

* * * * *

A: Why don't you come to a movie with me after work? The first Monday of each month is half-price.
B: Oh, I didn't know that. But it **shouldn't be** on Mondays.

B: 友達と待ち合わせているんだけど間に合いそうにないな。
A: それなら時間は守らなきゃ。急いで行きなさい。

* * * * *

A: 仕事が終わってから映画に行かない？第1月曜日は半額なのよ。
B: 知らなかったな。でも月曜じゃないほうがいいのにね。

使ってみよう

He **should be** back at any moment.
(彼はもう帰ってくるはずだ)
It **should be** the way out.
(これが出口に違いないです)

Dialogue 13

〜かもしれない／〜でないかもしれない
may be / may not be

A: You look pale these days.
B: Do I? It's true that I get tired easily and have a poor appetite.
A: You **may be** sick.

* * * * *

A: Didn't you see a brown envelope with our company's name on it?
B: I cleaned all the rooms today but I didn't see it.
A: Then it **may not be** here at home. I'll look for it again at the office.

A: あなたこのごろ顔色よくないわよ。
B: そうかな。たしかに疲れやすいし、食欲もあまりないんだ。
A: 病気**かもしれない**わよ。

* * * * *

B: 会社の名前の入った茶封筒を見なかったか？
A: 今日部屋をぜんぶ掃除したけどそういうのはなかったわ。
B: じゃ、家に**ないかもしれない**な。もう一度会社を探してみるよ。

Dialogue 14

きっと～に違いない
must be

A: Dinner is ready.
B: Wow. It's gorgeous, and you've arranged flowers. I wonder what special day it is today?
A: Just an ordinary day. I felt like making an elaborate meal. It took me all day to prepare it, so it **must be** delicious.
A: Oh! It's very good. You're quite a cook!
B: By the way, will you do me a favor, please?

A: 夕食の用意ができたわよ。
B: わー。豪勢だね、花まで飾って。何の日だっけ？
A: ただの日よ。ちょっと気が向いたから手の込んだものをつくってみただけなのよ。今日一日かかって準備したからきっとおいしいわよ。
B: じゃあ、いただきます。これはおいしい。君もやるじゃないか。
A: ところで、お願いがあるんだけど。

使ってみよう

You **must be** kidding.
(ご冗談でしょう)
Something **must be** wrong with the meter.
(メーターが故障しているに違いない)

Dialogue 15

～かしら／～と心配している
I wonder if ...
I am afraid that...

A: **I wonder if** a money order will arrive in London by the 20th of December?
B: **I'm afraid that** it won't be in time, because mail tends to be delayed in December because of Christmas.
A: Then what's the fastest way?
B: If you send it by telegram, it will be received in a few days.
A: Then I'll do that.

A: 今から送金小切手でロンドンに送れば12月20日までに届くかしら。
B: 12月はクリスマス時期で全面的に遅れがちになりますから今だと無理だと思います。
A: じゃあどうすれば一番早く着きますか？
B: 電信送金なら２、３日で着きますよ。
A: ではそうしてください。

使ってみよう

I wonder if she's getting along at the new school.
（彼女は新しい学校でうまくやっているかしら）
I'm afraid she has some trouble.
（彼女は何か困ったことがあるのではないかしら）

Dialogue 16

～しないでください／決して～しないでください
please don't ~

A: Sorry but, please **don't** smoke while we are eating.
B: I'm sorry that I was so careless.

*****

A: You're late! Where have you been all this time?
B: I was playing baseball with my friend in the park.
A: You can play with your friends, but **never** go out without telling me where you're going.

A: 悪いけど食事中はタバコ吸わないでくれる？
B: ごめん、気づかなくて。

*****

A: ずいぶん遅かったじゃない。今までどこにいたの？
B: 友達と公園で野球してたんだ。
A: 友達と遊ぶのはいいけど、**絶対に黙ってでかけないで**。心配したわ。

使ってみよう

Don't bother about it, please.
（どうぞおかまいなく）
Don't be disappointed, please.
（がっかりしないでください）

Dialogue 17

～しましょう／～させてください
Let's
Please let me ~

A: We make mochi in our home on the 30th of December every year. Would you like to come and see it? **Let's** make mochi together.

B: I'm looking forward to it.

* * * * *

A: We are steaming rice here. When it gets soft, we put it on this mortar and pound it into paste with this pestle.

B: **Please let me** try. It's an interesting experience!

A: うちは毎年30日にもちつきをするんだ。見に来る？ いっしょにおもちを作りましょう。

B: 楽しみにしているわ

* * * * *

A: 餅米を蒸しているところなんだ。やわらかくなったら臼に入れてこの杵でペースト状になるまでつくんだ。

B: 私にもやらせて。面白い体験だわ。

Dialogue 18

～はありますか
Is there ...?

A: I'd like to reserve a room. **Is there** a vacancy on the 4th of May?
B: I'm sorry but we have no vacancies till the 5th of May due to the Golden Week holidays.

*****

A: Do you know where my bankbook is?
B: I don't know. Did you rummage through your bag, too?
A: Oh! **Here it is!**

A: 予約をお願いしたいのですが。5月4日は空室はありますか？
B: あいにくゴールデンウィークで5月4日まで満室なのです。

*****

A: ねえ、私の通帳知らない？
B: 知らないよ。カバンの中は？
A: あ、ここにあった。

使ってみよう

Here is a small present for you.
（これは心ばかりの贈り物です）
Is there a subway station near here?
（この近くに地下鉄の駅はありますか？）

Dialogue 19

～はいかがですか
How about ...?

A: Excuse me, may I try this skirt on?
B: Yes. Come here please. How do you like it?
A: Well, I like a skirt that makes my waist look trim.
B: Then, **how about** this one? It's simple in design and looks very elegant.
A: Well, I like it very much. I'll take this one.

A: すみません、このスカート試着してもいいですか？
B: はい、こちらへどうぞ。いかがですか。
A: そうね。ウエストがもっとすっきり見えるようなのがいいんだけど。
B: ではこちらは**いかが**ですか。シンプルですがとても上品です。
A: ええ、とても気に入りました。これにします。

使ってみよう

How about drinking something?
（何か飲みものでもいかがですか？）
What about the money I lent you last month?
（あなたに先日貸したお金はどうなったの？）

Dialogue 20

もう一度お願いします
I beg you pardon.

A: I bought the DVD at half price.
B: Really? Where is the shop?
A: You go through the shopping center, turn right at the first corner...
B: **I beg you pardon**. I'll write it down.

* * * * *

A: You should know how to operate a computer. First you choose a function among these by pressing this button and then...
B: Wait. **Please speak more slowly**.

A: このDVD半額だったの。
B: 本当？ どこで買ったの？
A: 商店街を抜けて最初の角を右に曲がって……。
B: もう一度言ってくれる？ 書き留めるから。

* * * * *

A: 君もパソコンの使い方くらい覚えないとね。はじめにこのボタンで……。
B: 待って、もっとゆっくり言ってちょうだい。

PART 6 これでワンランク上の表現ができる

1 文型別よく使う動詞ベスト50

　では、これまでの基礎をふまえ、会話の中で受け身形や現在完了形など、ワンランク上の表現をめざすときに必要な動詞の知識を見てみましょう。

　次のページから、This is a pen.型とI love you.型以外の文型でよく使われる動詞をご紹介します。文型ごとに10ずつ選んでありますので、まずはここから覚えていきましょう。

　続いて、「2．write、worote、writtenは別単語」「3．すぐに使える不規則動詞」では、変化が不規則な動詞を一覧として掲げました。ここまでいけばきっと自信がつくはずです。

S+V型 (〜は+〜する) に使う動詞

① 踊る　　　　dance　　We danced to the music.
　　　　　　　　　　　　私達は音楽に合わせて踊りました。
② 料理する　　cook　　 I sometimes cook as a hobby.
　　　　　　　　　　　　私は時々趣味で料理します。
③ 住む　　　　live　　　I live in Kyoto.
　　　　　　　　　　　　私は京都に住んでいます。
④ 眠る　　　　sleep　　You should sleep enough.
　　　　　　　　　　　　あなたは充分眠るべきです。
⑤ 歌う　　　　sing　　　I sometimes sing.
　　　　　　　　　　　　私は時々歌います。
⑥ 笑う　　　　laugh　　She laughed at the joke.
　　　　　　　　　　　　彼女はそのジョークに笑いました。
⑦ 出発する　　start　　They will start for America tonight.
　　　　　　　　　　　　彼らは今夜アメリカに出発します。
⑧ 旅行する　　travel　　I will travel to Canada next week.
　　　　　　　　　　　　私はカナダへ来週旅行するつもりです。
⑨ 到着する　　arrive　　I arrived at the station.
　　　　　　　　　　　　私は駅に到着しました。
⑩ 雨が降る　　rain　　　It is raining a little.
　　　　　　　　　　　　雨が少し降っています。

ほかに、go（行く）、come（来る）、swim（泳ぐ）、walk（歩く）、ran（走る）、smile（微笑む）、work（働く）、sit（座る）など　（P 23参照）

S+V+C型（〜は＋〜です）に使う動詞

① 〜である、いる　be(is)　This is a pen.　　これはペンです。

　　　　　　　　(am)　I am happy.　　私は幸せです。

　　　　　　　　(are)　They are kind friends.

　　　　　　　　　　　　彼らは親切な友達です。

② 〜のに見える　appear　She appears very happy.

　　　　　　　　　　　彼女はとても幸せそうに見えます。

③ 〜のままでいる remain　They remained silent then.

　　　　　　　　　　　彼らはその時沈黙のままでした。

④ ずっと〜している　　They kept silent then.

　　　　　　　　keep　彼らはその時ずっと沈黙のままでした。

⑤ 〜の状態である lie　She is lying sick in bed.

　　　　　　　　　　　彼女は病気で横たわっています。

⑥ 〜になる　　　get　It's getting warmer.

　　　　　　　　　　　暖かくなってきました。

⑦ 　〃　　　　turn　He turned pale at the news.

　　　　　　　　　　　彼はそのニュースで青くなりました。

⑧ 　〃　　　　go　The fever is going down.

　　　　　　　　　　　熱は下がりかけています。

⑨ 〜のにおいがする　Roses smell sweet.

　　　　　　　　smell　バラはよい匂いがします。

⑩ 〜に聞こえる　sound　The story sounds true.

　　　　　　　　　　　その話は本当のように聞こえます。

ほかに、grow（〜になる）、look（〜のように見える）、feel（〜なように感じる）、seem（〜らしい）、be（〜でしょう、〜にいる・あるでしょう）など　　（P23参照）

PART 6　これでワンランク上の表現ができる

S+V+O型（〜は＋〜する＋を、に）に使う動詞

① 愛する　　　love　　　I love you very much.
　　　　　　　　　　　私はとてもあなたを愛しています。

② 作る　　　　make　　　I will make a salad for my family.
　　　　　　　　　　　私は家族のためにサラダを作ります。

③ 理解する　　understand
　　　　　　　　　　　He can understand Japanese.
　　　　　　　　　　　彼は日本語を理解できます。

④ 招待する　　invite　　I will invite her to the party.
　　　　　　　　　　　私は彼女をパーティーに招待するつもりです。

⑤ 費やす　　　spend　　I will spend time reading books.
　　　　　　　　　　　私はその時間を読書に費やすつもりです。

⑥ 借りる　　　borrow　　I will borrow the book tomorrow.
　　　　　　　　　　　私は明日本を借りるつもりです。

⑦ 話す　　　　speak　　She can speak Japanese well.
　　　　　　　　　　　彼女はうまく日本語を話すことができます。

⑧ 歓迎する　　welcome　We will always welcome you.
　　　　　　　　　　　私達はいつでもあなた方を歓迎します。

⑨ 知っている　know　　I don't know him well.
　　　　　　　　　　　私は彼をよく知りません。

⑩ 食べる　　　eat　　　We sometimes eat hamburger at the shop.
　　　　　　　　　　　私達はそのお店で時々ハンバーガーを食べます。

ほかに、buy（買う）、visit（訪問する）、call（電話する）、meet（会う）、drink（飲む）、love（愛する）、want（欲する）、help（助ける）、read（読む）、introduce（紹介する）、like（好む）など　　（P21参照）

S+V+O+O型（～は+～する+～に+～を）に使う動詞

① 教える	teach	She teaches them English.
		彼女は彼らに英語を教えています。
② 手渡す	pass	Will you pass me the book?
		その本を取ってくださいませんか。
③ 読む	read	I will read the children the book.
		私はその本を子供達に読み聞かせるつもりです。
④ 買う	buy	I will buy the children.
		私は子供達にその本を買うつもりです。
⑤ 選ぶ	choose	I will choose the children good books.
		私は子供達に良い本を選ぶつもりです。
⑥ 見つける	find	She will find the children good books.
		彼女は子供達に良い本を見つけるでしょう。
⑦ 手に入れる	get	I will get the children good books.
		私は子供達に良い本を手に入れるつもりです。
⑧ 残す	leave	I will leave you the book tomorrow.
		私は明日あなたにその本を置いておきます。
⑨ 作る	make	She will make the children the salads tomorrow.
		彼女は子供達に明日サラダを作るでしょう。
⑩ 尋ねる	ask	May I ask you a favor?
		お願いがあるのですが。

PART 6
これでワンランク上の表現ができる

ほかに、give（得る）、send（送る）、show（示す）、tell（話す）、lend（貸す）、bring（持ってくる）、pay（支払う）、write（書く）など　（P22参照）

S+V+O+C型 (〜は+〜する+〜を+〜と) に使う動詞

① 〜は〜の状態にする	make	I will make you happy.	私はあなたを幸せにします。
② 〃	set	You should set the bar high.	あなたはその棒を高い所に置くべきです。
③ 〃	keep	You should keep your hands clean.	あなたは手を清潔にしておくべきです。
④ 〜を〜の状態に塗る	paint	I will paint the door white.	私はドアを白く塗るつもりです。
⑤ 〜を〜と信じる	believe	I believe him to be honest.	私は彼を正直だと信じています。
⑥ 〜を〜と想像する	imagine	We imagine him to be honest.	私達は彼を正直だと想像します。
⑦ 〜を〜と分かる	find	We found him to be honest.	私達は彼を正直だと分かりました。
⑧ 〜を〜と名付ける	name	They named the baby Hanako.	彼らはその赤ん坊を花子と名づけました。
⑨ 〜を〜と呼ぶ	call	We call her Hanako.	私達は彼女を花子と呼んでいます。
⑩ 〜を〜に選ぶ	elect	We elected Mr. Suzuki chairman.	私達は鈴木さんを議長に選びました。

ほかに、think (〜を〜と思う)、leave (〜を〜の状態にしておく) など　(P22参照)

❷ write、wrote、writtenは別単語

変化形はそれぞれ別の音・意味をもっている

　英語表現の中で「〜したところ」「〜したことがある」「〜される」「〜された」など現在完了形や受身形などを使わなければならない時、多くの方はたとえば、「write（書く）の変化はwrite、wrote、written…」考えているのではないかと思います。しかし、会話の中でとっさに「私は書く＝I write.」は、とっさに口に出てきたとしても、「私は書いた＝I wrote.」や、「私は書いたところ＝I have written.」「それは書かれている＝It is written.」などの過去形や過去分詞形をすぐに使い分けるのは大変難しいものです。

　まして、会話中瞬時にそれらの部分を聞き取り意味を認識することは至難の技です。会話の中で過去、過去分詞形を道具として使うには、write、wrote、writtenを九九のように暗記しているだけでは十分ではありません。現在形、過去形、過去分詞形それぞれ独立した音、意味として単語を知っておかなければ使うことはできません。

　ここでは、とっさにそれらを使うことができるよう練習してみましょう。1秒以内に言えて、聞けるようになることを目標にしてください。

3 すぐに使える不規則動詞

A－A－A型
現在
(1) 私は切る　　　　　I cut.
(2) 私は打つ　　　　　I hit.
(3) 私は傷つける　　　I hurt.
(4) 私は編む　　　　　I knit.
(5) 私は許す　　　　　I let.
(6) 私は置く　　　　　I put.
(7) 私は置く　　　　　I set.
(8) 私は閉める　　　　I shut.
(9) 私は広げる　　　　I spread.
(10) 費用がかかる　　　It costs.

過去
(1) 私は切った　　　　I cut.
(2) 私は打った　　　　I hit.
(3) 私は傷つけた　　　I hurt.
(4) 私は編んだ　　　　I knit(knitted).
(5) 私は許した　　　　I let.
(6) 私は置いた　　　　I put.
(7) 私は置いた　　　　I set.
(8) 私は閉めた　　　　I shut.
(9) 私は広げた　　　　I spread.
(10) 費用がかかった　　It cost.

過去分詞
(1) それは切られた　　It was cut.
(2) 彼は打たれた　　　It was hit.
(3) それは傷付けられた　It was hurt.
(4) それは編まれた　　It was knit (knitted).
(5) 私は許したところ　I have let.
(6) それは置かれている　It is put.
(7) それは置かれている　It is set.
(8) それは閉じられている　It is shut.
(9) それは広げられた　It is spread.
(10) 費用がかかった　It has cost.

A－B－A型
現在
(1) 彼はなる　　　　　He becomes.
(2) 彼は来る　　　　　He comes.
(3) 私は走る　　　　　I run.

過去
(1) 彼はなった　　　　He became.
(2) 彼は来た　　　　　He came.
(3) 私は走った　　　　I ran.

過去分詞
(1) 彼はなったところ　He has become.
(2) 彼は来たところ　　He has come.
(3) 私は走ったところ　I have run.

A－B－B型
現在
(1) 私は曲げる　　　　I bend.
(2) 私は持ってくる　　I bring.
(3) 私は建てる　　　　I build.
(4) それは燃える　　　It burns.

(5) 私は買う	I buy.	(35) 私は座る	I sit.
(6) 私は捕える	I catch.	(36) 私は眠る	I sleep.
(7) 私は取り扱う	I deal.	(37) 私はすべる	I slide.
(8) 私は掘る	I dig.	(38) 私はかぐ	I smell.
(9) 私は食物を与える	I feed.	(39) 私は費やす	I spend.
(10) 私は感じる	I feel.	(40) 私は立つ	I stand.
(11) 私は戦う	I fight.	(41) 私は打つ	I strike.
(12) 私は見つける	I find.	(42) 私は掃く	I sweep.
(13) 私は忘れる	I forget.	(43) 私はゆれる	I swing.
(14) 私は得る	I get.	(44) 私は教える	I teach.
(15) 私はかける	I hang.	(45) 私は話す	I tell.
(16) 私は持つ	I have.	(46) 私は考える	I think.
(17) 私は聞く	I hear.	(47) 私は理解する	I understand.
(18) 私は保つ	I hold.	(48) 私は泣く	I weep.
(19) 私は守る	I keep.	(49) 私は勝つ	I win.
(20) 私は横にする	I lay.	(50) 私は巻く	I wind.
(21) 私は導く	I lead.	**過去**	
(22) それは去る	It leaves.	(1) 私は曲げた	I bent.
(23) 私は貸す	I lend.	(2) 私は持ってきた	I brought.
(24) 私は明かりをつける	I light.	(3) 私は建てた	I built.
(25) 私は失う	I lose.	(4) それは燃えた	It burned(burnt).
(26) 私は作る	I make.	(5) 私は買った	I bought.
(27) それは意味する	It means.	(6) 私は捕えた	I caught.
(28) 私は会う	I meet.	(7) 私は取り扱った	I dealt.
(29) 私は支払う	I pay.	(8) 私は掘った	I dug.
(30) 私は言う	I say.	(9) 私は食物を与えた	I fed.
(31) 私は売る	I sell.	(10) 私は感じた	I felt.
(32) 私は送る	I send.	(11) 私は戦った	I fought.
(33) それは輝く	It shines.	(12) 私は見つけた	I found.
(34) 私は撃つ	I shoot.	(13) 私は忘れた	I forgot.

PART 6 これでワンランク上の表現ができる

(14) 私は得た　　　　I got.
(15) 私はかけた　　　I hung.
(16) 私は持った　　　I had.
(17) 私は聞いた　　　I heard.
(18) 私は保った　　　I held.
(19) 私は守った　　　I kept.
(20) 私は横にした　　I laid.
(21) 私は導いた　　　I led.
(22) それは去った　　It left.
(23) 私は貸した　　　I lent.
(24) 私は明かりをつけた　I lit(lighted).
(25) 私は失った　　　I lost.
(26) 私は作った　　　I made.
(27) それは意味した　It meant.
(28) 私は会った　　　I met.
(29) 私は支払った　　I paid.
(30) 私は言った　　　I said.
(31) 私は売った　　　I sold.
(32) 私は送った　　　I sent.
(33) それは輝いた　　It shone(shined).
(34) 私は撃った　　　I shot.
(35) 私は座った　　　I sat.
(36) 私は眠った　　　I slept.
(37) 私はすべった　　I slid.
(38) 私はかいだ　　　I smelt.
(39) 私は費やした　　I spent.
(40) 私は立った　　　I stood.
(41) 私は打った　　　I struck.
(42) 私は掃いた　　　I swept.
(43) 私はゆれた　　　I swung(swang).

(44) 私は教えた　　　I taught.
(45) 私は話した　　　I told.
(46) 私は考えた　　　I thought.
(47) 私は理解した　　I understood.
(48) 私は泣いた　　　I wept.
(49) 私は勝った　　　I won.
(50) 私は巻いた　　　I wound.

過去分詞

(1) それは曲げられた　It was bent.
(2) それは持ってこられた
　　　　　　　　　　It was brought.
(3) それは建てられた　It was built.
(4) それは燃やされた　It was burnt.
(5) 私は買ったところ　I have bought.
(6) それは捕まえられた　It was caught.
(7) それは取り扱われている
　　　　　　　　　　It was dealt.
(8) それは掘られた　It was dug.
(9) それは与えられた　It was fed.
(10) 私は感じたところ　I have felt.
(11) 私は戦ったところ　I have fought.
(12) それは見つけられた　It was found.
(13) それは忘れられた　It was forgot
　　　　　　　　　　　(forgotten).
(14) 私は得たところ　I have got
　　　　　　　　　　　(gotten).
(15) それはかけられている　It is hung.
(16) 私は持ったところ　I have had.
(17) 私は聞いたところ　I have heard.
(18) それは保った　　　It has held.

(19) それは守られている　It is kept.
(20) それは横にされた　It was laid.
(21) 私は導かれた　I was led.
(22) それは出発した　It has left.
(23) それは貸された　It was lent.
(24) 私は明かりをつけた　I have lit (lighted).
(25) それは失われた　It was lost.
(26) それは作られた　It was made.
(27) それは意味された　It was meant.
(28) 私は会ったところ　I have met.
(29) それは支払われた　It was paid.
(30) 彼は言われた　He was said.
(31) それは売られている　It is sold.
(32) それは送られた　It was sent.
(33) それは輝いていた　It has shone (shined).
(34) それは撃たれた　It was shot.
(35) 私は座ったところ　I have sat.
(36) 彼は眠ったところ　He has slept.
(37) それはすべらされた　It was slid.
(38) 私はかいだところ　I have smelled (smelt).
(39) それは費やされた　It was spent.
(40) 彼は立ったところ　He has stood.
(41) それは打たれた　It was struck.
(42) 私は掃いたところ　I have swept.
(43) それは揺らされた　It was swung.
(44) 私は教えられた　I was taught.
(45) 私は話したところ　I have told.

(46) それは考えられた　It was thought.
(47) それは理解された　It was understood.
(48) 私は泣いた　I have wept.
(49) 私は勝ったところ　I have won.
(50) それは巻かれた　It was wound.

A－B－C型

現在

(1) 私は〜です　I am
　　彼は〜です　He is
　　あなたは〜です　You are
(2) 私は起こる　I awake.
(3) それは産む　It bears.
(4) 私は始める　I begin.
(5) 私はかむ　I bite.
(6) 私は吹く　I blow.
(7) 私は破る　I break.
(8) 私は選ぶ　I choose.
(9) 私はする　I do.
(10) 私は描く　I draw.
(11) 私は飲む　I drink.
(12) 私は運転する　I drive.
(13) 私は食べる　I eat.
(14) それは落ちる　It falls.
(15) それは飛ぶ　It flies.
(16) 私は許す　I forgive.
(17) 私は与える　I give.
(18) 私は行く　I go.
(19) それは育つ　It grows.

(20) 私は隠す	I hide.		(5) 私はかんだ	I bit.
(21) 私は知る	I know.		(6) 私は吹いた	I blew.
(22) 私は横たわる	I lie.		(7) 私は破った	I broke.
(23) 私は間違える	I mistake.		(8) 私は選んだ	I chose.
(24) 私は乗る	I ride.		(9) 私はした	I did.
(25) それは鳴る	It rings.		(10) 私は描いた	I drew.
(26) それは昇る	It rises.		(11) 私は飲んだ	I drank.
(27) 私は見る	I see.		(12) 私は運転した	I drove.
(28) 私は縫う	I sew.		(13) 私は食べた	I ate.
(29) 私は振る	I shake.		(14) それは落ちた	It fell.
(30) 私は示す	I show.		(15) それは飛んだ	It flew.
(31) 私は歌う	I sing.		(16) 私は許した	I forgave.
(32) それは沈む	It sinks.		(17) 私は与えた	I gave.
(33) 私は話す	I speak.		(18) 私は行った	I went.
(34) 私は跳ねる	I spring.		(19) それは育った	It grew.
(35) 私は盗む	I steal.		(20) 私は隠した	I hid.
(36) 私は泳ぐ	I swim.		(21) 私は知った	I knew.
(37) 私は取る	I take.		(22) 私は横たわった	I lay.
(38) 私は破る	I tear.		(23) 私は間違えた	I mistook.
(39) 私は投げる	I throw.		(24) 私は乗った	I rode.
(40) 私は起きる	I wake.		(25) それは鳴った	It rang.
(41) 私は着る	I wear.		(26) それは昇った	It rose.
(42) 私は書く	I write.		(27) 私は見た	I saw.

過去

(1) 私は～でした	I was		(28) 私は縫った	I sewed.
彼は～でした	He was		(29) 私は振った	I shook.
あなたは～でした	You were		(30) 私は示した	I showed.
(2) 私は起きた	I awoke.		(31) 私は歌った	I sang.
(3) それは産んだ	It bore.		(32) それは沈んだ	It sank.
(4) 私は始めた	I began.		(33) 私は話した	I spoke.
			(34) 私は跳ねた	I sprang

(35) 私は盗んだ　　I stole.
(36) 私は泳いだ　　I swam.
(37) 私は取った　　I took.
(38) 私は破った　　I tore.
(39) 私は投げた　　I threw.
(40) 私は起きた　　I woke(waked).
(41) 私は着た　　　I wore.
(42) 私は書いた　　I wrote.

過去分詞

(1) 私はずっと～　　I have been
　　彼はずっと～　　He has been
　　あなたはずっと～You have been
(2) 私は起こされた　I was awoken.
(3) それは産まれた　It was born.
(4) 私は始めたところ　I have begun.
(5) 私はかまれた　　I was bitten.
(6) それは吹かれた　It was blown.
(7) それは壊された　It was broken.
(8) 私は選ばれた　　I was chosen.
(9) 私はされた　　　I was done.
(10) 私は描かれた　　I was drawn.
(11) 私は飲んだところ　I have drunk.
(12) それは運転された　It was driven.
(13) 私は食べたところ　I have eaten.
(14) それは落とされた　It has fallen.
(15) それは飛ばされた　It was flown.
(16) 私は許された　　I was forgiven.
(17) 私は与えられた　I was given.
(18) 彼は行ってしまった　He has gone.

(sprung).
(19) それは育てられた　It was grown.
(20) それは隠された　　It was hidden.
(21) それは知られている　It is known.
(22) それは横たえられている　It is lain.
(23) それは間違えられた
　　　　　　　　　　　It was mistaken.
(24) 私は乗ったところ　I have ridden.
(25) それは鳴らされた　It was rung.
(26) それは昇ったところ　It has risen.
(27) 私は見られた　　　I was seen.
(28) それは縫われた　　It was sewn
　　　　　　　　　　　(sewed).
(29) それは振られた　　It was shaken.
(30) それは示された　　It was shown
　　　　　　　　　　　(showed).
(31) それは歌われている　It is sung.
(32) それは沈められた　It was sunk.
(33) それは話されている　It is spoken.
(34) 私は跳ねたところ　I have sprung.
(35) それは盗まれた　　It was stolen.
(36) 私は泳いだ　　　　I have swum.
(37) それは取られた　　It was taken.
(38) それは破られた　　It was torn.
(39) それは投げられた　It was thrown.
(40) 私は起きたところ　I have woken
　　　　　　　　　　　(waked).
(41) 私は着いたところ　I have worn.
(42) それは書かれている　It is written.

PART 6 これでワンランク上の表現ができる

終章　英語の耳・口・頭をつくるヒント

1 スピーキングのポイント

　ここでは、スピーキングに関するアドバイスを示します。正しいスピーキングのレッスンは同時にリスニングのレッスンにもなります。そして基礎知識を知っているのと知らないとでは、同じ努力でも何倍もの学習効果の差が生じますので反復して練習してください。

① 日本語と英語の語順の違いを知り、英語の5つの型を理解する
② 単語は意味だけでなくグループ別に覚える
③ まず動詞グループを最優先で覚える
④ 英検3級レベルの基本1000～1300語は日本語から英語に1秒以内で言えるようにする
⑤ 中学3年までの基本文法を理解する
⑥ 正確な単語の発音とアクセントを覚える
⑦ アクセントは高く発音せず、強く少しのばし気味に発音する
⑧ 英作文をする
⑨ 常に主語、動詞をまずそろえることを意識する
⑩ 読むときは、文頭から理解する癖をつけ、必ず音読する
⑪ 音読の場合も、スピーキングの場合も腹式呼吸を意識する
⑫ 反復練習こそもっとも大切だと認識する
⑬ 新聞、雑誌、本、テレビから知識を呼吸し、自分自身の意見をもつ
⑭ まちがってもともと、とにかく最初はうまく並べられなくても、単語一つでも口に出し、度胸をつける
⑮ 常により自然な表現をしようと向上心をもち続ける

⑯「できる」「やれる」と思い込む
⑰スピーキングの練習では、リズム、イントネーション、アクセント、音のつながりなどを意識し、おおよそではなく正確にリピートし、まねすることを目標にする
⑱間違えたら恥ずかしいという完璧主義は捨てる

スピーキングの基本ルール
アクセント

英単語には必ず1カ所、母音に（高くではなくむしろ）長くのばし気味に発音される部分があります。ōrangeの場合「オレンジ」ではなく「オーリンジ」のように発音され、「オー」にアクセントがあります。アクセントの位置を間違えると通じない場合がありますので、十分注意してください。アクセントのある母音に「¯」をつけています。

① ōrange, fāmily, tēlephone
② piāno, Novēmber, tomōrrow
③ hotēl, magazīne, todāy

息のつなぎ

① 意味のまとまりの切れ目（文でいえば句読点にあたるところ）

　　Though I will go shopping now, / my sister will stay at home.
　　（私は今から買い物に行きますが、姉は家にいます）

② 接続詞の前

　　I hope / that it will be fine tomorrow.
　　（私は明日いい天気であることを希望しています）

③ 関係詞の前

　　That is Mr. Suzuki, / who is a doctor.
　　（あれは鈴木さんです。そして彼は医者です）

④前置詞の前

　　　I will buy a book / at the department store tomorrow.

（私は明日デパートで本を買うつもりです）

　その他、Say, Mr. Suzuki（ねえ鈴木さん）のように呼びかけのあと、apple, orange, and melonのように同種の単語が並ぶとき、To run in the morning / is...（朝走るということは…）など長い主語のあと。

イントネーション（抑揚）

表現の上げ下げのことをイントネーションといいます。

<u>語尾を上げる場合</u>（ ↗ ）

①ふつうの質問の表現の場合

　　　Are you going to buy a book?（ ↗ ）

②依頼する表現の場合

　　　Would you please call me tomorrow?（ ↗ ）

③付加疑問で疑問の意味をもっている場合

　　　You are busy,（ ↗ ）aren't you.（ ↗ ）

　　　などの他、apple（ ↗ ）,orange（ ↗ ）and melon（ ↗ ）のようにandやorの前の語句

<u>語尾を下げる場合</u>（ ↘ ）

①平叙文、命令、感嘆の表現の場合

　　　I like tennis.（ ↘ ）　Hurry up.（ ↘ ）

②疑問詞を含む質問の場合

　　　When are you going to buy the book?（ ↘ ）

③付加疑問文や否定疑問文で相手の同意を求めたり、確認する場合

　　　You are busy,（ ↘ ）aren't you?（ ↘ ）

④あいづちに疑問の意味がある場合

　　　Is that right?（ ↘ ）

ストレス

重要な語が強く発音され、そうでない語は弱く発音されます。この強く発音される語を、強勢（ストレス）の置かれる語といいます。

<u>ふつう強く発音する語</u>

動詞 buy（買う）、名詞 salad（サラダ）、形容詞 happy（幸せな）、副詞 now（今）、疑問詞 when（いつ）、所有代名詞 mein（私のもの）、指示代名詞・形容詞 this（これは、この）、数詞 one、感嘆詞 what（なんと）、助動詞の短縮形won't など

<u>ふつう弱く発音する語</u>

人称代名詞 I（私）、所有代名詞 my（私の）、前置詞 at（〜で）、助動詞 will（でしょう）、冠詞 the（その）、接続詞（そして）、関係詞 which（〜であるところの）、助動詞の短縮されていない否定形 will not、会話のつなぎの語 then（それじゃ）など。

2 リスニングのポイント

では、より効率的なレッスンをしていただくために、リスニングに関するアドバイスを示します。特に英語の強弱リズムから生じる「音の法則7」はなるべく早く覚えておきましょう。

① まず強弱リズムであることを意識して聞く
② 子音の正確な発音を知り、単語を正しく発音できるようにする
③ 音声現象の基本ルールを知っておく
④ 意味はとにかく内容（強く発音される語）をまず聞きとる
⑤ 主語、動詞を中心に聞きとる練習をする
⑥ 単語を覚えるとき、綴りではなく音のイメージで認識する
⑦ 自分が理解できる内容より1つ下のレベルからはじめ、1日10分は英語を聞く習慣をける
⑧ 英文を頭から聞く習慣をつけ、解釈しようとしない
⑨ リスニングでは、英語の知識だけでなく、政治、経済、文化、流行、スポーツなどにも関心をもち、知識を広げる
⑩ ナチュラルスピードを速く感じなくなるまで聞く
⑪ 速読で内容のポイントを理解できるようにする
⑫ ネイティブの音を短文でいいから、まねをしてみる
⑬ 日本語を覚えたときのように、素直に聞く

なぜ聞き取れない？

なぜ英語が聞き取れないのか、それは、単語や文法がわからないからだけでなく、「速い」と感じるからです。

では、日本人はなぜ、英語を速く感じるのでしょう。答えは、日本

語と英語は基本的にリズムが異なる言語でからです。つまり、日本語は高低アクセントで、母音中心の音節リズムであるのに対し、英語は強弱アクセントで、子音中心の強弱リズムだからです。

　例えば、I'll visit one of my friends.（私は友人の一人を訪問するつもりです）を日本語流にいいますと、「アイル　ビジッワン　オブ　マイ　フレンズ」となりますが、ネイティブがこれを言いますと、「アイウ　ヴィズ　ワン　ノブ　マイ　フレーンズ」のようになります。この日本語訳「私は」と「友人」の部分をネイティブの発音を比較してみますと、個人差はありますが次のようになります。

　例えば、日本語は｜ワ｜タ｜シ｜ワ｜や｜ユ｜ウ｜ジ｜ンのように、どの音節もほぼ同じ強さで高低アクセントをともない発話しますが、英語は｜ワターシワ｜や｜ユジーン｜のように強い音節と弱い音節、つまり強弱アクセントで発話するということです。英米人はこの強弱アクセントからなる強弱リズムで英語を話していることをまず知っておかなければなりません。この「強弱リズム」から生じる「スピード」がいろいろな音声現象を生じさせているのです。

　そのため、日常会話において約1000語～1300語程度の基本的な表現を使っても、日本人にとって英語は速く感じられ、また、知っている単語をゆっくりと話しても音声現象により違った音に聞こえて、聞くことをより難しくしています。

　次に、英語音の主な音の法則を7つにまとめてみます。日本語音、英語音の違いをリスニングの基礎知識として知っているのといないのとでは学習効果が違ってきますので早く覚えておきましょう。

音の法則7

① 英語のリズム

　強弱のリズムで話され、強と強の間の弱の部分に単語が増えてもリズムはほぼ同じで所要時間はほとんど変わらない。

　　　　A. I'll visit my friends.
　　　　B. I'll visit one of my friends.

　out ofと単語が増えても発話されるリズム、所要時間はほぼ同じ。

② 音の短縮

　I am →I'm（アイアム→アイム）、will→I'll（アイウィル→アィゥ）のように、代名詞、動詞、助動詞が短縮されることがある。

③ つながる音

　子音の連結 hot tea（ホットティ→ホッテイ）、meet you（ミートユー→ミーチュ）

　子音と母音の連結 Can I（キャンアイ→キャナィ）、get up（ゲットアップ→ゲラ）

　過去形-edの連結 liked that（ライクツザット→ライザ）、liked to（ライクツ→ライツ）

④ 消える音

　Foot ball（フットボール→フッボーウ）、hand bag（ハンドバッグ→ハンドウバ）のように語尾がp、t、k、b、d、gなどの音はほとんど発音されない。that（ザット→ザー）、good（グッド→グー）など

⑤ 聞きわけにくい音

　leaveとlive、berryとveryなど聞き分けにくい母音と子音など

⑥ 日常よく使う動詞表現の特殊な弱音

　want to（ウォントツゥー）→（ワナ）

　going to（ゴーイングツゥー）→（ガナ）

have to（ハフ ツゥー）→（ハフタ）
　has to（ハス ツゥー）→（ハスタ）
⑦その他
　water（ウォーター）→（ワラ）の語調のtやhe（ヒー）→（イー）子音、America（アメリカ）→（メリカ）などのように、アクセントのない母音、isn'tの否定を表すnot連結音などの音は消えたりほとんど発音されない。
　このように英語は、単語それ自体や単語のつながりによっていろいろな音の変化が生じます。この傾向は、イギリス英語よりアメリカ英語のほうが強いといわれています。

3 面接試験を成功させるために

　英検など面接試験に合格するには、語句・文法などを知識として知っているだけでなくスムーズに運用できることが必要です。

　ここでは、日常会話はもちろん、年間75万人ともいわれる英検2次面接を例にとり、面接のポイントをまとめてありますので、様々な英語面接に活用してください。

　英検の準1級レベルの受験者でさえ、3人称単数の -s, -es をつけ忘れたり、discuss（議論する）に about をつけたり、鳥の「カラスcrow」がとっさに思い浮かばず black bird と言ってしまったり、「テレビでon television」というところを on the television と言ってみたり（on the television は「テレビの上で」の意味になる）、初歩的なミスは決して珍しいことではありません。

　面接のポイントは、難しい語句や表現を使うところにあるのではなく、できるだけ正確な発音・アクセント・イントネーション・息のつなぎなどに注意し、いかに基本語句を正しく使い、基本文法を道具として自由自在に使いこなせるかにあります。

　ここでは、就職試験など様々な英語面接試験に対応できるよう、英検を例に面接のポイントを示しておきましたので参考にしてください。

面接試験のポイント（英検の場合）

①試験前には必ず面接試験の形式を知っておく。
②面接委員との会話はすべて英語で、はっきりと明瞭に。
③（カードを）音読をする時は棒読みにならないよう、強く読む語、弱く読む語、ポーズ、vとb、sとth、wとf、lとrなどの発音を意識する。

④（カードの）説明や自由会話では、要点を簡潔に述べられるように練習をしておく。
⑤面接試験では面接委員との自然な会話が求められるので、質問内容がわからない時は I beg your pardon.（ノ）（もう一度言ってください）と聞き返す。多少わからないことがあっても積極性を示すこと。

では、ここで本書のレッスンコーナーを用いた英検級別の目標を示しておきます。各レッスンを次のように番号で示します。

「英文法ラクラクマスターレッスン１４」
「クイック英会話マスターレッスン２８日」
「こんなに話せるクイックシート実践２０」

＜３級レベル＞
1　約４割くらいは言うことができる
2　不自然でも一応音読ができる
3　わからない単語があってもとまどいながらも音読ができる

＜準２級レベル＞
1　７割くらいはなんとか言うことができる
2　余裕はないがほぼ自然に音読できる
3　発音、ポーズ、イントネーションを除けば、ほぼスムーズに音読できる

＜２級レベル＞
1　９割くらいはスムーズに言えるほぼ自然に音読できる
2　ほぼ自然に音読できる
3　スムーズに音読ができ、ある程度の内容のポイントがわかる。また、練習をすれば音だけを聞いてリピートできる

＜準１級レベル＞
1　練習をしなくても、余裕をもって読むことができる

2 練習をしなくても、すべて即座に自然に読める
3 練習をしなくても自然な音読ができ、内容も把握できる。また、音だけを聞いてスムーズにリピートできる。

とっさに言えることが大切な代名詞

	～は、～が	～の	～に、～を	～のもの	～自身
私	I	my	me	mine	myself
あなた	you	your	you	yours	yourself
彼	he	his	him	his	himself
彼女	she	her	her	hers	herself
それ	it	it's	it	-	itself
私たち	we	our	us	ours	ourselves
あなたがた	you	your	you	yours	yourselves
彼ら／それら	they	their	them	theirs	themselves

4 急場をしのぐ英語的発想

　ここでは、面接や就職試験などの英語面接をはじめ、ホームステイや日常会話の中で急に知らない表現をしなければならない時、急場をしのげる発想をご紹介します。これらの言い換え表現を知っておくと、気持ちに余裕をもって対応できるでしょう。

　たとえば、「壁に絵があります」と表現したいとき、受験英語の英作の癖で「～があります」だからThere is~を使い、There is a picture on the wall. とする方が多いと思います。しかし、もし「～がある・いる＝There is ~」を知らない場合や忘れてしまった場合、次の英語的発想を知っていれば会話の目的である最低限の意思疎通を図ることができます。

There is a picture on the wall.　　（壁に絵があります）
　　A　The picture is on the wall.
　　B　**We can see** the picture on the wall.
　　C　The picture **is hanging** on the wall.

　以上A、B、Cのように、同じ内容のを表現するにも、いろいろな表現があります。私たちが日頃日本語でもひとつの内容をいろいろな言い方で表現するのと同様に、英語でもそれが可能であるということです。また「クイックシート リストE12～22」の have から send までの動詞と「E31～32」の go、come そして「D26～33」のBe動詞「is, am, are」は、日常会話の最重要基本動詞で、ひとつひとつが幅広い意味をもっています。それらの動詞にリストGの前置詞グループ、「at, by, on, to, in」などを付け加えると、日常会話にほとんど困ることな

く、会話としてより自然な表現が可能になるのです。

① have（持つ／食べる）　E12

（来月の例会は何日にしましょうか）

What day next month shall we **hold** the regular meeting?

What day next month shall we **have** the regular meeting?

② get（得る／〜になる）　E13

（この本をもう一冊見つけてくださいませんか）

Would you please **find** me another copy of this book?

Would you please **get** another copy of this book for me?

③ make（作る／させる）　E14

（私はときどき趣味でブラウスを縫います）

I sometimes **sew** a blouse for pleasure.

I sometimes **make** a blouse for pleasure.

④ take（取る／連れて行く）　E17

（私たちこの辺りからタクシーに乗りましょうか）

Shall we **catch** a taxi around here?

Shall we **take** a taxi around here?

⑤ put（置く）　E18

（あなたはお金を土地に投資したのですか）

Did you **invest** your money in land?

Did you **put** your money into land?

⑥ give（与える）　E21

（来週金曜日までにこの報告書を部長に提出しなければならない）

I have to **hand in** this report to the head of the department by Friday.

I have to **give** this report to the head of the department by
　　Friday.
⑦　go（行く）
　　（きのうあなたはパーティに出席しましたか）
　　　Did you **attend** the party yesterday?
　　　Did you **go to** the party yesterday?
⑧　come（来る）
　　（どうぞいつでも私の家に立ち寄ってください）
　　　Please **drop in at** my house anytime.
　　　Please **come to** my house anytime.

　これらの例で、英語では、基本語句を使いこなしたほうが英語らしい表現ができ、そこから英米人的発想の糸口をつかむことができることがおわかりいただけるでしょう。あなたが知っている単語、また覚えようとしている単語は、どしどし使っていってください。この方法を知っておけば、急場のときにも何かと役に立つことがあります。

北尾隆明（きたお　たかあき）

クイック英語学院（(社)全外協加盟校）代表。英検面接委員。
1949年、京都府生まれ。桃山学院大学卒業後、カナダ、アメリカにて英語を学ぶ。
1976年に、京都・イングリッシュスクール（現クイック英語学院）を設立。長年の教育現場での経験から、日本人の英語アレルギー解消を目指した「クイックシート」を考案、小学生から大学受験を控えた高校生、大人まで幅広い層に支持されている。80年代に発売された『クイック英会話』シリーズは累計15万部を売り上げた。
(社)日本青年会議所シニア会員、JCIセネター会員をはじめ、ロータリークラブで会長を務めるなど、講師として活動するほか、セミナーや講演、ボランティアを通じ国際交流にも貢献している。
クイック英語学院のホームページ：http://www.kisweb.ne.jp/personal/quick

＊本書は、1987年に駸々堂から刊行された『クイック英会話』シリーズに大幅に加筆したものである。

文法も会話もパッと見てわかるクイック英会話
2009年2月20日　第1刷発行

著者	北尾隆明
発行者	前田俊秀
発行所	株式会社 三修社
	〒150-0001　東京都渋谷区神宮前2-2-22
	TEL03-3405-4511　FAX03-3405-4522
	http://www.sanshusha.co.jp
	振替00190-9-72758
	編集担当　伊吹和真
印刷・製本	萩原印刷株式会社
CD制作	中録サービス株式会社

©Takaaki Kitao 2009 Printed in Japan
ISBN978-4-384-05532-0 C2082

R〈日本複写権センター委託出版物〉
本書を無断で複写複製（コピー）することは、著作権法上の例外を除き、禁じられています。
本書をコピーされる場合は、事前に日本複写権センター（JRRC）の許諾を受けてください。
JRRC　http://www.jrrc.or.jp
eメール：info@jrrc.or.jp
電話：03-3401-2382

英文監修：マイケル・ジャメンツ
本文デザイン：落合雅之
カバーデザイン：関原直子
カバーイラスト：Jonathan Evans / Getty Images